「育てて勝つ」はカープの流儀

中国放送アナウンサー
坂上俊次 著

KANZEN

はじめに

つくづく独特な競技である。マウンドに立てば一人で打者に立ち向かわなければならず、打席では自分の培った技術だけが頼りだ。野球には個人競技の側面がある。それでいて、チームスポーツであることに違いない。ときに個人技であり、ときに団体戦、まさに社会の縮図のようである。だからこそ、我々は自分の人生をこの競技に重ね合わせ、日々の活力をもらい、生きるヒントを見出すのかもしれない。

カープの歴史は70年を迎えた。球団草創期の資金難に伴う苦労、FA制度導入や球界再編の荒波もあって、低迷期も味わった。そんなチームの光は、「理念」と「工夫」それに「チームワーク」であった。

2019年秋、70年の歴史を凝縮したような男が、カープ19代監督に就任した。通算138勝のエース佐々岡真司である。入団2年目の1991年には17勝の活躍でリーグ優勝の原動力となった。そこから18年、先発のシーズンもあればストッパーを任されたシーズンもあった。それだけではない。シーズン途中に先発からブルペンに転向したこともあった。先発投手として100勝、守護神として100セーブ、この献身の記録は江夏豊氏以来史上2人目という偉業だ。

通算66完投、1シーズン15完投は近年の野球界ではなかなかお目にかかれない数字である。完投・完封はもちろん、ノーヒットノーランも達成している。低迷期には、孤軍奮闘で投げ抜いた時期もあった。右腕にすべてを背負ったエースでありながら、「孤高」という言葉は似つかわしくない。「野球はあくまで集団競技」と言い切る男は、野手の守りに感謝し、ファンの声援を力にしながらマウンドに立ち続けてきた。だからこそ、誰からも愛され、チームメイトは意気に感じて熱いプレーで彼を助けてきた。

監督就任にあたって強調する言葉は「一体感」。担当コーチやスタッフの話に耳を傾け、ドラフト会議にあたってはスカウト陣を最大限にねぎらった。フェニックスリーグ、秋季練習、さらには自主トレまで視察した。戦力の把握だけではない。ベテランから若手まで直接声を掛け、コミュニケーションを図った。当然、選手のモチベーションアップにつながるはずである。

V奪回へ、近道は選ばない。巨大補強やトリッキーな作戦ではなく、「育てて勝つ」野球で球団のメモリアルイヤーに花を添える心意気である。

これまでも、カープでは多くの選手が育ってきた。ドラフト下位指名であっても、猛練習でトッププレーヤーになった例も少なくない。外国人選手も、カープにやってきて才能が開花したケースが目立つ。どんな人材が大きく成長するのか。また、カープはいかにして、一流選手を育て上げるのか。その方法論に迫るのが、本書の狙いである。

2019年も、カープは223万人を動員、マツダスタジアムは連日の大入りが続いた。テレビ・ラジオでカープが話題に挙がらぬ日などない。テレビCM、ポスター、看板、どこに行っても、広島の街はカープ一色である。賑わいは地元だけではない。全国放送や全国紙でクローズアップされる機会も増え、ビジター球場が真っ赤に染まることも珍しくなくなった。

人気の源泉は、選手の魅力や展開する野球の面白さがメインであろう。ただ、それだけではないような気がする。野球ファンは、カープが70年かけて築いてきたカルチャーに共感しているのではないだろうか。

スカウトが全国を走り回り、カープにマッチする選手を探し出す。指導者は、ドラフト上位から下位の選手まで愛情を持って育て上げる。そのプロセスにファンが共感していることは、二軍の由宇練習場（山口県）のファンの眼差しを見れば一目瞭然である。そして、選手たちは、チーム内競争を戦いながらも、家族のような絆で結ばれている。ベテランが若手の活躍にガッツポーズを見せ、ヒーローになった若手はベテラン選手と抱き合う。だからこそ、進塁打にベンチが沸き、マウンドの投手は味方の好守に賛辞を惜しまない。

そんなカープ野球の結晶が2016年シーズンからのリーグ3連覇であった。2019年はBクラスに沈んだが、こんなときこそカープ野球の真価が問われる。旗印は「一体感」。フォア・ザ・チームの本当の意味を知る指揮官が、カープ野球の真骨頂を見せつける。

本書は、球界でも定評のあるカープの育成術に迫るものである。同時に、働き方改革なども叫ばれる昨今である。選手育成からの結果のみならず、そのプロセスからも日々のヒントを見つけたいと思う。

1960~70年代の猛練習。1990年代、野村謙二郎、金本知憲、前田智徳、そして佐々岡真司が背中で伝えたプロ意識。そこから、猛練習と工夫のハイブリッド世代。成長に近道はあるのか、遠回りこそ学びの要素が多いのか、はたまた第3の道があるのか。カープの歴史を彩った指導者の話に耳を傾けたい。結論は、そのあとかもしれない。

目次――「育てて勝つ」はカープの流儀

第3章 猛練習から見つけた工夫と法則
～朝山東洋～

第5章

野村・金本・緒方・前田……最強攻撃陣を継承する哲学者
～東出輝裕～

Column

カープ70年 名伯楽の言葉④

内田順三（元・カープ、ジャイアンツ打撃コーチ）

第6章 育てるチームにマッチするスカウティング

～苑田聡彦～

第7章 機動力野球、未来へ

～廣瀬純～

第1章

孤高ではないエース
佐々岡真司新監督の船出

大エースの静かなる船出

185センチの大きな体はパイプ椅子と根気を競っているかのようであった。広島東洋カープ第19代監督・佐々岡真司の仕事は『見ること』から始まっていた。就任直後の秋季練習、室内練習場で腰かけると、ひたすらに野手の打撃練習を観察し続けていた。アドバイスを送るわけでもなければ、注文をつけることもない。ただ前かがみになって、打者のスイングを見つめていた。ウォーミングアップの時間帯も選手の近くに立ちながら、野手コーチらの話に耳を傾けていた。

570試合に登板、先発で100勝をマークすれば、守護神として100セーブも達成、沢村賞にノーヒットノーラン、派手な球歴を誇るスタープレーヤーだったにもかかわらず、実に静かな船出であった。実際、佐々岡真司という人物は、過度なパフォーマンスをすることもなく、スター然としたところもない。だからこそ、多くの人に愛され、周囲の力は、彼のもとに集まってきた。

「完投だってノーヒットノーランだって、みんなが守ってくれるからこそできることです。バックが守ってくれて、打ってくれる。そのおかげで勝つことができます」

そんな男だからこそ、監督就任会見で強調した言葉は〝一体感〟だった。カープでは小さな大投手と呼ばれた長谷川良平以来53年ぶりの投手出身監督である。決して、ポジション別の監督適性といった議論ではない。ホークスを日本一に導いた工藤公康監督にせよ、ドラゴンズ・タイガース・イーグルスを頂点に導いた星野仙一監督にせよ、投手の出身である。ただ、カープの歴史では久々ということもあり、そこにわずかな不安要素を見つけて記事の行間に滲ませるのは、メディアの性かもしれない。

しかし、佐々岡は、こんな議論に反論することもなければ、前出の投手出身監督の華々しい成果を議論に持ち出すこともしない。

「投手としての経験、コーチとしての経験はありますが、野手に関する起用や交代、采配は勉強しないといけません。まだ就任したばかりで大変さの実感はありませんが、しっかりやっていかないといけないと思います。野手に関する経験が少ないぶんは、他のコーチの助けを借りながらやっていきたいです。みんなでやっていくしかありません」

もちろん、力を結集させるのは首脳陣だけではない。選手もスタッフも、すべての力をひとつにするつもりである。

「ベンチとレギュラーがバラバラでなく、一体となって戦いたいです。打った選手はもちろん、ベンチもガッツポーズをするとか、みんなでワイワイした空気にするのも一体感でしょう。監督やコーチも一試合一試合みんなで束になっていくこと、これは力だと思います」

ひょっとすると、監督が派手なガッツポーズを見せるかもしれない。いや、その前に、コーチや選手が感情を剥き出しにするかもしれない。この光景こそが、孤高のマウンドを投げ抜いてきた男の目指すところなのである。

一体感の持つ力を感じながら、佐々岡は野球人生を切り拓いてきた。その記憶は、30年以上前にさかのぼる。

一体感でスクワット1000回

島根県に生まれ、県立浜田商業高校を出たばかりの佐々岡は社会人野球の強豪・NTT中国に進んだ。1967年生まれ、桑田真澄や清原和博らの〝K・K世代〟である。佐々岡も注目された投手ではあったが、同世代のスーパースターとの実力差も実感していた。

「自分にはまだプロでやる体力もなくて、同世代のメンバーを見ても、実力差を感じていました」

社会人で力を蓄えプロ野球へ、これが彼の描いたシナリオであった。社会人野球は厳しく、朝は他の社員より1時間早く出勤して、湯呑みや灰皿を洗い、お茶やコーヒーを沸かすこともあったという。午後からは練習で職場を離れることも多いだけに、朝に自分がやれることは進んでやったのである。練習もハードであった。30年以上前である。今とはトレーニングの形もずいぶんと違う。スクワット1000回というメニューもあった。

「プロレスラーみたいなトレーニングでしたよ。できるわけないと思いました」

しかし、一体感の力とは恐ろしいものである。チーム全員が円陣を組み、交互に10回ずつスクワットをカウントしていく。すると、懸命に声を嗄《か》らす間に、1000回に到達するのである。いつの間にか、スクワット1000回・開脚500回という猛烈な冬季練習もスムーズにこなせるようになっていく。

「馴れとは、ある意味すごいもので、できるようになっていくものですね」

ある種、一体感の持つ力を実感した原点であったかもしれない。

午前中は社業、午後から夕方遅くまでは野球の練習である。寮に戻るのは21時を過ぎる。そこから自分のユニフォームなどを洗濯し、翌朝5時に起床する。

「タテ関係も厳しくて、僕が19歳で先輩は30歳以上ですから、オッサンと野球をしているような感覚でした。練習も、ブルペンには週に4~5回入り、球数100球以上は当たり前です。毎日投げているような感覚でした」

ただ、佐々岡はこういった話を美談にすることもなければ、猛練習にアンチテーゼを唱えることもない。純粋に、高いハードルもみんなで一体になれば乗り越えられることを実感していたのである。

カープの猛練習が人生を変える

社会人ナンバーワン右腕でドラフト1位、それでも、1990年のカープである。即戦力投手であっても、噂に聞いた猛練習は例外ではなかった。

「ウォーミングアップから走りっぱなし、1～2時間のアップも当たり前でした。そこから、守備練習があってブルペンでの投球練習です。しかも、精神的にもきつかったです。注目度、人の多さ、マスコミ、周囲の目もあって一日中野球漬けという感じでした」

宿舎は2人部屋だったが、ぐったりした佐々岡は、くつろぐ暇もなく眠りに落ちる毎日だった。ここまでは同世代の野球人なら一度は通った道かもしれない。しかし、佐々岡はプロ野球の投手として頂点を極めた31歳の秋に、もう一度、あ

Carp
Carp
88

2020年2月、日南キャンプで笑顔を見せる佐々岡監督

の猛練習を味わっているのである。

1998年オフ、達川光男監督・大下剛史ヘッドコーチの新体制になったカープは、低迷するチーム状況を打破すべく、伝説の猛練習を選手に課したのである。

「新体制になって、秋季練習から無休ですよ。午前中は、強化のようなアップが続きました。もちろん、守備練習もあれば投球練習もあります。秋季キャンプでは、3週間で体重が8キロも落ちました」

この時点で、2ケタ勝利3回、2ケタセーブが4回である。沢村賞に最多勝、球界を代表する投手に成長していた。このようなハードな練習は免除されても、不思議ではない。ただ、絶対的エースも、前年はわずか5勝に終わっていた。

「今の選手にやってみろと言っても、なかなかやれるものではないでしょう。でも、今思うと、あの猛練習があったからこそ、そこから9年も野球ができたのだと思います。シーズンオフも落ちた体重を戻すため、トレーニングにも必死で取り組み、毎日体重計に乗ったものです。春季キャンプも300球の投げ込みを2回やりました。精神的にも肉体的にも自分をしぼることができ、やればできると実感できました。落ち目のときに復活できたのは、あの練習があったからです。あれがあったからこそ40歳まで投げられました」

成長期と復活期、2度にわたって猛練習を経験したがゆえに、佐々岡は40歳までマウンドに上がり続けられたのである。

厳しさを知るコーチング

2014年オフ、解説者を務めていた佐々岡の二軍投手コーチ就任が発表された。ここから4シーズン、若い力を厳しく育てながら、チームのリーグ3連覇に貢献した。優しい人柄のイメージが先行しがちだが、佐々岡は選手育成のフェーズにおいて厳しさも前面に押し出していた。

「僕は二軍経験の少ない選手だったと思います。それだけに、一軍にいてこそプロ野球選手だという気持ちがあります。練習態度などは大事に見ていました」

ネット裏から野球観を広めながら、投げ込みや球数の問題などへの考えも深めてはいた。時代の変化も認識している。しかし、二軍の段階においては、すべてが当てはまるわけではないというのが彼の考えである。

「投げずに調整するという選手には、なぜ投げないのか問いかけることもありました。前日の投球が良くないのに、なぜ、投げないのか。我々が見ているのは結果だけでなく、投球の内容です。自分のピッチングができるか、一軍のボールを投げられるか。ダメなら練習するしかありません。しがみついてでも投げてアピールできるかでしょう。一軍と同じではありませんから。そういう姿勢が大切だと思います」

厳しさの中にも、伝え方には工夫を施した。

「今の時代ですから、どうやって伝えるかです。言われることによって、なにくそ！と燃える人。言われることで落ち込んでしまう人。そこは考えていました。ただ、何とか一軍に上げようと期待する人には厳しかったかもしれません」

そんな中から、薮田和樹や岡田明丈が台頭、床田寛樹が復活を果たした。ドミニカのカープアカデミーからやってきたヘロニモ・フランスアまでもが、育成選手から急成長を遂げた。

厳しい練習で、選手の技術と精神を鍛える。その次の段階では、投手の起用法にも工夫を施した。先発や中継ぎ、起用する局面やイニング数にもメッセージを込めたのである。

「ある程度みんなにチャンスは与えますが、一軍に上がることを想定しながら起用はしました。将来の先発候補や負け展開のロングリリーフから入る選手には、先発などで長いイニングを投げてもらいました。一方で、一軍に近い投手で、メンタルを見てみたいときは、ピンチでマウンドに上げることもありました。二軍の緊迫した場面で投げ切れないようでは、一軍では投げられません。競った場面の登板で見極めたものです」

また、当たり前のプレーにも厳しかった。例えば、投手のフィールディングである。自らノックバットを握り、明るい声掛けもしながらではあったが、根底には厳しさがあった。

「一野球人として、これができないと勝てるものではありません。ましてや一軍の緊張感でプレーするわけですから、守備でも勝負です。ひとつのアウトがいかに自分をラクにするか、バント処理でもきっちりアウトを取ることができるか、まったく違ってきます。守備ができないと勝てる投手にはなれません」

優しいイメージが強い人物像かもしれない。しかし、それはある一面である。選手を育てる二軍においては、練習態度から基本プレーの徹底まで厳しい顔を覗かせた。そこからの、フォームや変化球の伝授であり、起用法での成長促進だった。厳しさを、〝いつ、どこで〟見せるかである。人生の転機に猛練習を経験してきた男ならではのさじ加減が、そこには、あった。

100勝100セーブだからわかる「完投の意味」

2019年、一軍投手コーチに就任してチーム防御率は大幅に改善した。前年の4・12から3・68である。リーグ3連覇に伴う登板増加による蓄積疲労もありながらの数字は、賞賛に値する。

もうひとつが完投数である。前年の3からリーグトップの10まで激増したのだ。特に大瀬良大地は6完投とエースのあるべき姿を見せつけた。

「今の時代で6完投、多いのか少ないのか、よくわからん」

なにせ、佐々岡はシーズン13完投を2度も成し遂げている。通算66完投、エースとしての粉骨砕身を地で行く存在であった。ただ、興味深いのは、佐々岡は完投というものを先発投手の視点だけでは見ていないことである。

「先発投手は選ばれたものだと思います。30人以上の投手がいて、先発ローテは5~6人です。なので、現役時代は先発したら完投ということをひとつの目標にしていました。中5日、中6日、こういったものをもらうことに対しての責任感は持っていてほしいと思います」

これはリリーフを経験したからこその実感である。ルーキーイヤーの1990年には、初登板初先発を初勝利で飾りながら、シーズン途中からリリーフにまわり、当時のプロ野球新記録となる17試合連続セーブポイントも記録した。1994年、前半戦は先発起用もあったが、後半は大野豊につなぐセットアッパーを任された。1995年は初の開幕投手も任されながら、シーズン途中でストッパーに転向となった。

ブルペンを経験したことで、完投への責任感は強くなっていった。

「先発が長いイニングを投げるのと5～6回で交代するのとでは、まったく違ってきます。特に、今の野球ではリリーフが50試合とか70試合投げることが頻繁にあります。先発が早く交代するということは、リリーフは毎日のように、あの緊張感を味わうということです。体力面でも精神面でもブルペンの負担は増していきます」

だからこそ、先発投手には「もう1イニング」を求めたい。ベンチを任された佐々岡にも、我慢が求められていた。

信じるための「我慢」

投手コーチがマウンドに行くタイミングは難しい。『投手コーチがマウンドに行くと失点する』。ファンが自虐的に交わす会話だ。しかし、当然である。それなりのピンチの局面で一呼吸置くのだから、相手も一定の確率で得点には結びつけてくる。

「もちろん我慢もあります。マウンドにあまり来てほしくないタイプの投手だっていますす。コーチがマウンドに来ても言葉が頭に入らないような場面もありますから。マウンドに行くと投手のリズムが狂うこともありますが、それでも間を置かなければならない場面もあります」

マウンドに行くことがメッセージならば、行かないというメッセージもある。

「若い投手と違って、大地（大瀬良）や祐輔（野村）なんかは、わかってくれているだろうというのはありました。マウンドに行かなくても、任せているぞ！という思いはありますから」

そのあたりは選手も敏感に感じ取っている。大瀬良は語る。

「キャンプ中から『投手を引っ張る姿を見せてくれ』と言われてきて、イニング数も練習態度もそのつもりでやってきました。しんどい時期もありましたが、あの佐々岡コーチの言葉が支えでした。マウンドに来ないときは、お前の力でやってみろ、お前に預けたぞというメッセージだと受け止めていました」

責任感は精神論だけではない。一方で、極めて精神の問題でもある。大瀬良は、エースの責任を果たすために準備を怠らなかった。自主トレの段階から、一つひとつのトレーニングを丁寧に行っていた。トレーニング理論のみならず、コンディショニングや栄養面、水分補給に至るまで豊富な知識に基づいた行動をとった。3年連続2ケタ勝利、3シーズンで501イニング、これはエースの責任の数字であり、大瀬良に自信を取り戻させるには十分なものであった。

「130球とかになっても、案外、普通に投げられることがありました。近年、自分で自分のスタミナを疑うようなところもあったので、自分にとって大きなものでした。もともと、球数を多く投げても疲れないのが強みでしたから、その取り柄は錆びていないと思わせてくれました」

大野豊であり、佐々岡真司、そこから黒田博樹らへと続くエースの系譜。投げるボールの凄みだけではない。チームのために簡単にマウンドから降りない。そんな責任感は、有形無形のメッセージによって継承されているのである。

人生の指針になった母の言葉

「人を大事にしなさい。みんなに好かれる人間になりなさい」

プロ野球の世界に飛び込むにあたり、母から贈られた言葉である。これが指針にあったからこそ、佐々岡は、すべての出会いを力にできた。社会人野球の厳しさで培ったチーム意識、苦しい時代のカープで先発もリリーフもやったからこそわかる責任感。優しい人という人物評が多くを占めるが、根底には厳しさを併せ持つ。

人を大事にする。チームメイトを大事にする。佐々岡は、「野球は団体競技。団体競技はチームが勝つためにやるものです。チームの優勝が一番です」と言い切る。だからこそ、選手個々が能力を出し切れるよう観察とコミュニケーションを怠らず、コーチに任せるべきところは任せていく。まずは、そのための空気づくりである。

コーチ時代には『全員先発構想』（中﨑翔太、一岡竜司らは除く）でチーム内競争を促し、監督になると、秋季キャンプで選手の『強制送還』も予告、基本的に打ち出す方向は厳しい。それでいて、普段のコミュニケーションは優しい。この厳しさと優しさの配合は、佐々岡の歩んできた野球人生そのものであろう。

野球との出会いは5歳のときだった。ラジオ体操の帰り道、竹を切ってバットにした。友達と一緒にやる野球がたまらなく楽しかった。

完投も、完封も、ノーヒットノーランも演じたが、彼は一人ではなかった。いつも、チームメイトとの一体感の中で野球をやってきた。そのぶん、責任も背負いながらの投球だった。平成のカープ史に残るエースは、マウンドでも孤高ではなかった。今度は、令和のカープを託されたが、やはり、孤高より一体感がよく似合う。

愛するカープのために、戦いが始まった

温和な人柄で知られる佐々岡だが、V奪回へ向けての動きは早い。佐々木朗希（大船渡高）や奥川恭伸（星稜高）ら超高校級の投手が揃うドラフト会議にあって、明治大の即戦力右腕・森下暢仁の指名を公言した。

「自分の意見を聞いていただき、即戦力のピッチャーでいくことになりました」

競合指名の抽選も覚悟した佐々岡は、勝負パンツを購入するなど万全の準備でドラフトの日を迎えた。

念ずれば通ずる。カープはMAX155キロの快速球に加え、カーブやスライダーも操るエース候補を単独指名することに成功した。ドラフト会議終了後には、明治大に直行、電光石火のスピードで指名挨拶を行った。

すると、佐々岡は東京からフェニックスリーグが行われている宮崎に直行だ。アピールに燃える若手の見極めが主眼だが、選手のモチベーションアップにもつ

ながることに間違いない。秋季キャンプでは、持ち前のコミュニケーション力で中堅から若手に至るまで、積極的に声を掛けた。藪田和樹や岡田明丈ら苦しむ投手には直接指導もためらわなかった。ファンには即席サイン会も行うなど、佐々岡は縦横無尽に動き回った。

秋季キャンプ終盤には、投手陣に『監督スペシャル強化メニュー』を課した。海岸線のランニング、坂道ダッシュ、砂浜での下半身強化、佐々岡が現役時代にやっていたメニューである。ハードなメニューには違いないが、それこそ〝一体感〟である。ときには明るい声も響くなど、厳しく楽しい空気に包まれた。厳しいことも、みんなでやれば乗り越えられる。佐々岡も経験した〝あの感覚〟はチームに伝わった。

厳しさもあるが、コミュニケーションもある。合理主義な指導も見せるが、どこか古風な練習メニューもある。おおらかなようでいて、行動は早い。そんな指揮官の姿に目を細める人物がいる。まさに猛練習でキャリアを築き、世界一のカープファンを自認する、伝説の名コーチ安仁屋宗八であった。

第2章

強くて愛される投手はコミュニケーションと猛練習から

～安仁屋宗八～

よみがえる安仁屋イズム

佐々岡監督が就任し、2019年の秋季キャンプは新体制でスタートした。選手の笑顔に砂浜トレーニング、明るく厳しい練習の様子に目を細めるのが、カープOB会長の安仁屋宗八である。カープ一・二軍の投手コーチ、二軍監督として1980年代の投手王国を築き、愛情あふれる語り口でラジオパーソナリティーや野球解説者としても人気を博している。

「佐々岡監督への期待は、それ。砂浜ダッシュもそう。ものすごくキツイよ。そういうのはどんどんやらせて選手を鍛えてほしい。週に1回でも少ないくらい。うん、最低週1回は砂浜で足腰を鍛えてほしいね。佐々岡監督とワシは考え方が合うね。彼は、ある程度、昔の野球のいいところも知ってくれている。お互い、言いたいことも言う性格だし、バッターに向かっていく気持ちを大事にすることも共通している」

数年前の春季キャンプ。臨時コーチとしてやってきた安仁屋に、コーチだった佐々岡が声を掛けた。

「安仁屋さん、ピッチャーに砂浜を走らせましょうや！」

嬉しかった。安仁屋の魂は、伝わっていたのだった。

投げ込み、走り込み、飲みニケーション、デッドボール覚悟の内角攻め、通算119勝の大投手は数々の逸話を残す。「月まで走ってこい」「宿舎にいるなら、外に遊びに出ろ」。コーチ時代に残した安仁屋語録も有名だ。その言葉は豪快なだけでなく、どこか優しさとユーモアが含まれている。評論家となった今、口癖は「カープ日本一」。どこまでもカープを愛し、どんな時代もペナントレース予想は「カープが優勝」。シーズンの予想勝星が100勝を超えることも少なくない。どこまでも鬼になって選手を鍛え、どこまでもカープを愛情で包む75歳。喜怒哀楽のすべてをカープに注ぎ込んできた安仁屋は、佐々岡新体制でのV奪回を確信する。

投げ込みや走り込みに賛否両論はある。ともすれば、働き方改革の現代である。

いわゆる伝統的な猛練習は分が悪い。安仁屋も、選手時代の気持ちを偽らない。

「ワシらも選手を辞めてから大事さに気づいたものよ。走り込みや投げ込みを、『やってきた』という感覚はなくて、『やらされてきた』というのが本音。でも引退してから感じた。あれだけやったから長く野球ができたと思う。やらずして上手くはならんということよ」

コーチ時代、すべての選手が安仁屋の方針に即賛成だったわけではない。

「佐々岡が入団したころ、投手コーチがワシで、彼は短い距離のダッシュを大事にするところがあった。確かに、体にキレを作るためにはダッシュが必要。でも、プロで長くやっていくためには、長い距離のランニングが必要と説いたことを思い出すね」

投げ込みも、走り込みもやる。そして、チームのために中4日も、完投も厭わない。そんな、かつての〝教え子〟が監督になった。〝投手の味方〟を自認する安仁屋からすれば、待望久しいカープでは53年ぶりの投手出身監督である。

カープに育ててもらったから今がある

安仁屋宗八についてまわる肩書がある。『沖縄出身で初のプロ野球選手』である。甲子園にも出場し、都市対抗野球にも出場を果たした細身の右腕は、1964年、カープに入団した。当時アメリカの統治下にあった沖縄出身のプロ野球選手第1号である。のちの活躍はファンの知るところだが、プロ生活が軌道に乗るまでは大変だった。

最初に広島にやってきた日を忘れない。

「同期の苑田聡彦とワシ、それぞれの父親と列車に乗って出てきました。そして、白石勝巳監督に挨拶に行ったのよ。そのとき、監督は苑田に対しては『いい体だな、頼むぞ』と言ったのに、ワシには『ホンマにこの体で野球やってきたのか』と言うのよ。もう、ショックじゃったね」

九州一のスラッガーで〝中西太2世〟と称された苑田は、どっしりとした体格だった。一方で、細身の安仁屋は、当時の体重56キロ。

「親父に、野球を辞めて（沖縄に）帰るかもしらんと言うたよ。そしたら、親父は『もう契約金を半分使ったから1年は頑張れ』だと。その1年が2年になり3年になり、10年になり。気がつけば、広島にやってきて56年だから、人生はわからんし、本当にカープには感謝しとる」

沖縄からやってきた安仁屋に、球団も格別の配慮をした。彼の父親を1カ月程度ではあるが、選手寮に同居させたのである。

「前例はないことだが、オーナーが、沖縄から出てきて一人では寂しかろうということで配慮してくれたんよ。今考えれば、想像もつかないかもしれんが、これも感謝よね」

そして、指導者にも恵まれた。当時の投手コーチである藤村隆男が熱心に向き合ってくれたのである。当時の新人には研修制度というものがあり、6月まで二軍で鍛えることになっていた。そこでの藤村の練習が厳しかった。朝7時前、ランニングから一日がスタート、そこから朝食だ。もちろん、厳しい全体練習が控えている。

朝食前のランニングといっても、広島市西区の寮から平和公園（広島市中区）を往復するのだから、軽く見積もっても6キロ前後の距離になる。

「これでメシがうまくなる！という話やったよ。そのときは体も細くてたくさん食べんといけんかった。決しておかずが豊富な時代じゃないから、走って汗を流した後のほうが、おいしく朝食が食べられるいうものよ」

練習器具も豊富な時代ではなかった。リストを強くするために、靴下に砂を詰めて、トレーニングに用いたくらいである。当然、練習の中心は、投げることと走ることだった。

「ワシはそういうのに抵抗がなかったね。長距離走も高校では一日20キロとか走っていたし、投げ込みも、苦にならんかった。高校も予選から甲子園まで一人で投げ切ったくらいだから、むしろ投げることが好きなくらいやったよ」

コーチの藤村は寮に住み込みで、コミュニケーションをとりながら選手を鍛えていった。だからこそ、選手は猛烈の度合いを増す練習にも耐えられた。

「ライトからレフトまで走りながら外野ノックを受ける『アメリカンノック』というのがあるけど、藤村さんはショートアメリカンよ。キャッチャー後方の、バックネットの1塁側から3塁側の短い距離を走りながらノックを受ける。距離が短いだけにスピードは必要よ。しかも、藤村さんはノックの名手で、ギリギリのところにノックを打ってくる。本当に厳しかったね」

試合のない時期の走り込みもボリュームを増していった。「寮から三滝（寺）まで走って往復よ」と、一口で言うが、地元の地形を知る人間なら、往復4キロの距離以上の大変さがあることは想像に難《かた》くない。三滝寺とは、三滝緑地の中腹にある13番札所の寺である。紅葉の名所ではあるが、その急こう配は、箱根駅伝さながらである。しかも、足場が常に舗装されているわけではない。

「もうランニングから帰ったら、トイレの和式便器には、しゃがめないぐらいやったよ」

それほどのメニューにも、安仁屋はガムシャラに取り組んでいった。

小さな大投手の大きな背中

弱音など吐けなかった。実績十分の大投手が黙々と練習に向き合っていたのである。特に安仁屋が尊敬の念を抱いていたのが、カープ草創期の大エース長谷川良平である。167センチの小柄な体で打者に真っ向勝負、通算197勝をマークした。1963年に引退すると、投手コーチや監督としてチームを率いた。

「長谷川さんに教えられたことは多いです。あの小さな体で打者に向かっていって197勝。当時のカープであれだけ勝つのは、どれだけすごいかと思います。相当な努力があったことでしょう。それに、主力投手でありながら、毎日のように200球とか投げていました」

そんな存在を知るからこそ、安仁屋はますます練習に力が入った。1967年オフ、根本陸夫新監督は、安仁屋と外木場義郎を投手陣の核に据えようとしたのである。

「もう300～500球の投げ込みよ。300球を超えて疲れたところでストライクを投げられたら、それが自分のフォームいうことよ。疲れがピークになって、一度はボールがいかなくなっても、そこからが勝負。下半身を使った理にかなったフォームで投げれば、それでもいいボールが投げられる。このフォームこそが、真の理想のものということよ」

臨んだ1968年、安仁屋は自己最多の23勝、外木場はパーフェクトゲームを含む21勝の活躍だ。根本のマネジメントから2人のエースが誕生した。

「結果も出たし、あれだけ投げてもワシは肩やヒジの故障はゼロ。やはり、あのときあれだけやったから今がある。その思いは変わらんね」

投げ込みや試合での投球数については、意見も様々である。承知の上で、球団草創期の小さな大投手の背中や自分の成功体験を語り継ぐ。その向こうに、新たな形が見えるはずだと確信する。

念押ししておきたいのは、あくまでも投げ込みは手段であるということだ。実際、安仁屋もスタイルを認める選手がいた。今やメジャーで活躍する前田健太

（ツインズ）である。

「彼は既に理にかなったフォームを自分のものにしていたからね。天性もあるだろうけど、それだけの努力をしてきたのだと思う。球数を投げなくても素晴らしい球を投げる。そのためのフォームや準備も確立している。こうなれば、球数にこだわる必要はないですよ」

故障もなく、安仁屋はカープを中心にキャリア１１９勝をマーク、タイガースではリリーフでも成功を収めた。１９７５年にトレードでタイガースに移籍したが、新天地ではリリーフ投手として活躍、１９８０年にカープに復帰すると翌シーズンをもって現役を引退した。

ただ、次なるミッションが待っていた。豊富な経験と人望の厚さから、投手コーチに就任することになるのだ。

愛にあふれる指導で投手王国を築く

1982～1993年、安仁屋が投手コーチを務めた時代は、カープが〝投手王国〟と呼ばれた時期に見事に一致する。北別府学、川口和久、大野豊、川端順、金石昭人、津田恒美、佐々岡真司……この時代に多くの名投手が生まれた。しかし、飾り気のない安仁屋である。「自分が育てた」などという言葉は本人から聞いたことがない。むしろ、あまりピッチングを教えた記憶はないという。

「まず徹底したのは挨拶と笑顔よ」という言葉に拍子抜けしてはいけない。むしろ、コミュニケーションによる明るい雰囲気づくりは、猛練習をやり抜くための土台だったのである。

「練習はきついからね。笑顔でやれば、厳しい練習も楽しくやれる。暗い雰囲気だと一日がダメになる。コーチも選手も声を掛けながらやれば、きついノックも最後までやれる。みんなでやれば、練習もできる。それがチームワークにもつながっていく。そういうもんよ」

明るく楽しい、しかし、練習メニューには妥協がなかった。

「もちろん走ることがメインよ。レフト・ライトのポール間ダッシュもどんどんやってもらいました。広岡さんの時代なんて、ウォーミングアップでもタイムを計っていたからね。もちろん、ワシも30メートル走、50メートル走ときっちりタイムを計っていたから、選手は手抜きができないよ。ノックも手抜きはなかったね。厳しかったかもしれないけど、愛情を持ってやっていました」

ただ、これだけでは投手王国を担う選手は育たない。あの時代の選手は、安仁屋の思いのさらに上を歩んでいたのだ。

「北別府、川口、大野、金石、川端、津田……みんな、こっちから言わなくても走り込みや投げ込みをやっていました。投球でも細かく言うことはなかったです。選手とは、〝飲みニケーション〟をやったくらいのもんよ」

先人が築いたレールを、才能あふれる選手が自主的に歩む。ここにエッセンスを加えるのが安仁屋の役割であった。

「ワシもフォームを人に教わった記憶はないからね。投手は一人ひとり形が違います。聞きに来たら、腕が下がっているとか足が開いているとか、それくらいのことは言います。でも、聞かれるまでこっちから助言することはなかったね」

大方針は選手の自主性に任せるのが安仁屋流である。しかし、メソッドがなかったわけではない。覚悟を決めた選手にはとことん指導したことも付しておきたい。

サイドハンドで中継ぎとして一世を風靡した清川栄治である。もともとはオーバースローだったが、本人の強い決意もあり、フォーム改造をすることになった。このとき安仁屋は、投球練習に付きっきりだった。長い棒を持って、腕の位置や角度を一球一球チェックする。自分のものになるまで反復することで、清川は左キラーとして野球界で成功を収められるようになった。日本シリーズ男の山根和夫の再ブレイクにも一役買っている。1984年に16勝をマークしたが、翌年から勝ち星が止まった。右肩に故障歴を抱えていただけに、その負担を減らすためにも腕の位置を下げた。すると、コントロールも安定し、山根は本来の力を取り戻していった。1987年からライオンズに移籍すると、3シーズンで69試合に登板、再び、輝きを見せた。山根にフォームを含めた技術的な細かな指導を行ったのは安仁屋であった。

「本人が言うてきたからね」

安仁屋の言葉は実に飾り気がないが、ここにコーチングの本質が隠れていた。選手の個別リクエストに対しては技術指導をするノウハウを持つが、基本的には細かいことには口を出さない。あくまでも、厳しい練習に耐え、熾烈なシーズンを戦い抜く空気づくりが安仁屋の最優先事項であった。

そこで、有名なのが〝飲みニケーション〟である。安仁屋といえば、お酒のイメージがついてまわるが、あくまでもコミュニケーションの道具なのである。ビールジョッキに氷を入れるという独特の流儀こそあるが、酒の肴やシチュエーションへのこだわりは少ない。

「もともとは友達が欲しくて、お酒を飲むようになった。お酒というより、雰囲気が好き。仕事の後とかにみんなで行くことが楽しいよね」

解説者としても、試合後にスタッフ全員で食事の席を設けるのが大好きだ。骨太な野球論と武勇伝、我々も安仁屋の野球人生を〝砂かぶり〟の状態で深夜まで聞いたものである。

もちろん、飲みニケーションの最盛期は投手コーチだった1980年代だった。

「特に遠征先では、選手と飲みに行ってコミュニケーションをとったね。投手が抑えたらお祝い会、投手が打たれれば残念会。しょっちゅう飲みに出たものよ」

カープのエースになり、ジャイアンツ投手コーチも務めた川口和久は、今でも名コーチとして安仁屋の名前を挙げ続ける。

「細かいことは言わないコーチですが、疑問が生じれば聞く耳を持ってくれ、的確なアドバイスをくれました。個性派集団にはピッタリでした」

金石も川端もそうである。酒の席になれば、本人が不在でも安仁屋の話になる。それだけの時間を、指導者として選手に与えていたという証であろう。

これだけ感謝の言葉を集め、幾多の名投手を輩出しても、安仁屋は手柄を主張することはない。地位や名誉の類にも興味を持たない。

「選手同士の雰囲気がいい中にも、練習から厳しさがあった。あの世代のメンバーは勝手に成長してくれたね。ほんと、飲みニケーションをしただけ。でも、そういう席でも野球のヒントは出てくるもの。あそこでの一球の判断は……配球は……攻め方は……そんな話はあったよね。ある種、お酒の席で一球の重みを再確認よ。コーチが指示するより、選手の話し合いの中で出てきたものは、意味が深いよね」

信じられないようなやりとりもあった。

「あの場面で投げたかった！とか言われたら、次は、同じような場面で起用しようと思ったものよ。実際、選手の思いを受けて、希望したようなところで投げさせたこともある。そりゃ、選手は燃えて投げたもんよ」

血が通っていた。だからこそ、選手も意気に感じて投げ、練習でも妥協しなかった。好投手、個性派投手に恵まれた1980年代、安仁屋流マネジメントがなければ、あの栄光はなかったかもしれない。投手〝王国〟と呼ぶには、あまりにも人情にあふれ、民主的な空気に満ちた、戦う集団だった。

「育てて勝つ」が指導者の醍醐味

一・二軍でコーチを務め、ラジオ・テレビの評論でも人気を博してきた。選手としても655試合に登板し、先発でもリリーフでも成功を収めた。野球人としてあらゆるキャリアを重ねてきたが、最もやりがいを感じる仕事がある。二軍監督だ。

「もう一回やるなら二軍監督をやりたいね。自分が育てた選手が一軍で活躍するのは最高に嬉しいものよ。ワシは育てるのが好きだから」

その親心に偽りはない。ひとつのエピソードがある。二軍監督時代に指導した福地寿樹が成長し一軍昇格を果たしたとき、安仁屋はラジオ中継で解説を担当していた。

結果は、見逃し三振。放送席の安仁屋は「なにしよんか!」と語気を強めた。すべては愛情の裏返しである。福地はトレードで移籍したライオンズでレギュラーをつかみ、スワローズでは盗塁王にも輝き、今でもコーチを務める。マツダスタジアムを訪れるたびに、福地は、頭を下げ安仁屋と握手を交わす。

「おお福地、元気でやっとるな。頑張れよ！　でも、このカープ戦以外で頑張るんだぞ」

言葉のどこを切り取っても、愛情と人情しかない。

縁あった選手の活躍は嬉しい。だから、安仁屋は、解説業のない日も球場にやってくる。そして、練習と試合に目を凝らし、親のような気持ちで選手のプレーに一喜一憂する。中でも、２０１６年、カープを25年ぶりリーグ優勝に導いた黒田博樹の全力の姿は、格別な思いで見つめたものだ。

有名な話である。１９９７年、ドラフト2位で入団した黒田は、開幕前の二軍戦で1イニング10失点を喫した。それだけではない。当時の二軍監督である安仁屋は、10点取られても、ピッチャーを交代しなかったのだ。

「僕はもうベンチで寝とったんです」というのは安仁屋なりの照れ隠しである。本心は違う。

「そのイニングは3アウトまで自分で投げろいうことです。自分で蒔《ま》いた種は自分で刈り取れ。そんな思いだったね」

ベンチで腕を組み、微動すらしない。コーチをマウンドへ行かせることもしなかった。ただ、逃げないルーキーに、安仁屋は大きな目を見開いていた。荒療治のようではあるが、黒田は、指揮官が〝腹をくくる〟には十分な好投手だった。

こんなことは誰に対してもできることではないね。球は速いし、フォークボールも素晴らしい。コントロールはアバウトだったけど、すごい投手になると思いました。一方で、ひとつ間違えれば2～3年で終わってしまう可能性も頭にあったよね」

「大学に戻ったらみんなに言ってこい。『プロは生易しいものではないぞ』と」

大学の行事でチームを離れる黒田に掛けた言葉だ。スケールが大きいだけに、振れ幅も大きい。そんな大器に、安仁屋は絶妙なターニングポイントを設《しつら》えたのだった。

その後である。2カ月後にプロ初先発・初勝利をマークする。2001年には

12勝をマークしエースになると、2005年に最多勝、2006年に最優秀防御率、そこからメジャーでも通算79勝である。さらに、復帰した古巣をリーグ優勝に導いた。

「しかし、ここまでになるとは想像しなかったね」

これこそが、人を育てる二軍監督の最大の喜びである。

育成徹底の人情采配

二軍監督として育成を最優先した方針の徹底ぶりもすごいが、それを後押しした球団の姿勢も特筆ものである。安仁屋は1993年、二軍監督に就任したときの松田耕平オーナーとの会話を強烈に記憶している。

「オーナー！　二軍は1勝もしなくていいですか？」

「なんでや、二軍は育ってくれればいい。でも、まぁ1勝くらいせえや」

このやり取りで安仁屋は気持ちがラクになり、二軍監督としての確固たる信念を持つことができた。

何度も綴ったように練習は猛烈に厳しかったが、根底には選手への愛情があった。「選手には一年でも長くやってほしい。一勝でも多く挙げてほしい」。だから、走り込みで土台を作り、投げ込みを通じて一生モノの投球フォームを身につけてほしかった。だからといって、選手を甘やかすことはない。むしろ、球数やイニングも含め、踏ん張らせるべきところはとことん踏ん張らせた。

「細く長くやるという人もいるが、細くやれば長くやれるという保証はない。だから、ワシはそういう言葉が嫌い。野球は接触プレーもあればボールが当たることもある。何が起こるかわからない。だから、勝てるときに勝っておいてほしいと思う。投げられるときに投げ、走れるうちに走ること。その結果として、一日でも長くユニフォームを着てもらえればと思う」

選手の一生懸命を引き出したかった。だから、大胆な起用もした。

「試合に出たかったら、両親や友人を試合に呼べと言うたね。そうしたら、試合に使うから、と。選手は親や友人が来たら恥ずかしいなんて口では言うけど、本音はいいところを見せたいもんよ。一生懸命にやってくれるよ。ワシは、その一生懸命が見たいんよ。実際、言うてきた選手は起用したよ。代打かもしれんけど、いい場面で起用したよ」

単なる選手への配慮ではない。安仁屋の考えは遥かに先を見据えている。ただ、安仁屋は打席に向かう選手に、この言葉を付け加えることは忘れなかった。「思い切っていいけ。結果はいいから。でも、見逃し三振だけはいけんぞ！」

何があっても何をおいてもカープ、安仁屋のカープ愛

「カープファンの心のふるさと」。私が野球中継で安仁屋を紹介する枕言葉である。どんなに低迷した時期もカープを愛し、最前線でカープを応援してきた。指導もすれば、激励もする、祈ることだってある。

あるカープ中継日の記憶である。安仁屋は昼食にカツカレーを注文した。しかし、カレーだけ食べ、トンカツは我々の皿に運ぶのである。

「ならば普通のカレーライスで……」というこちらの考えは、浅かった。チームの連勝を途切れさせないように、安仁屋はゲンを担いでいたのだった。

これほどの愛なのだ。しかし、球歴を振り返れば、疑問も残る。安仁屋は全盛を誇った1974年にトレードでタイガースに移籍、翌年のカープ初優勝の場には立てなかったのである。複雑な心情が生じても、何の不思議もない。実際、安仁屋は「カープに負けないぞ」の気持ちを原動力に1975年防御率1・91の大活躍、最優秀防御率とカムバック賞のタイトルを獲得している。

それでも、安仁屋の野球人生の最終章は反骨の物語でなかった。1979年オフ、35歳の彼はシーズン0勝に終わり、現役引退からタイガースで指導者になる話もあった。そんなとき、カープの古葉監督が「現役でやりたい気持ちがあるなら」と安仁屋を古巣に誘ったのである。入団時から古葉には自宅に招かれ食事を振る舞われるなど、恩義を感じていた。「古葉さんのためなら何でもできる」と安仁屋は残された力を振り絞った。

1980~1981年の2シーズン、一軍登板は3試合、勝ち星はゼロだった。それでも、人生に意味のないことなどない。

「もう一回カープに戻してもらって、そこからコーチや二軍監督をやらせてもらって、今は解説者、沖縄から出てきて56年、すっかり広島の人間よ。35歳でカープに戻ってきた後のほうが人生は長いんだから、面白いもんよ」

野球界、出会いもあれば別れもある。近年はメジャー挑戦やFA制度で、仲間のユニフォームの色が変わることも珍しくない。だが、安仁屋の根底に流れる愛情は、懐が深い。

「他球団にコーチや選手が散らばって、どのチームにもカープ出身者がいます。FAもあるよ。川口も江藤（智）も大竹（寛）も、丸にしてもそう。でも、正直、彼らの活躍は嬉しいんよ。一緒にやった仲間が活躍するのは、嬉しい。FAがどうこうというけど、他球団から欲しいと言われるのは、選手に力がついたということ。素晴らしいことよ。うちは、また育てればいい。その繰り返しよ」

どうだろうか。懐が深すぎるか、人が良すぎるか、受け止め方は様々であろう。しかし、根底には、育てることへの猛烈なプライドと執着がある。投げ込みも、走り込みも、完投も、すべては選手に対する愛情の形なのである。

野球のスタイルも、継投も、練習方法も時代とともに変わっていく。人づきあいも同様だ。だからこそ、我々は、カープファンの心のふるさと・安仁屋宗八の空気を、胸の奥まで吸い込むことが必要であろう。

白髭の名伯楽が蒔いた種はカープ70年の歴史の土台になっている。多くの投手を育てただけではない。あのとき、二軍監督として厳しく育てた若者たちが、コーチになって一軍の舞台に立とうとしているのである。

時事通信フォト

1978年6月3日、プロ入り初完封勝利を挙げた北別府学をねぎらう古葉竹識監督

一球も見落としたくない

古葉竹識
（元・カープ監督）

カープ初優勝、さらには3度の日本一へ導いた名将は、黄金時代を鮮明に記憶している。カープの連覇を前にした2017年秋、古葉監督は取材に応じてくださった。紳士的な語り口の一方で、野球に対する厳しさもひしひしと伝わってきた。

旧・広島市民球場の1塁側ベンチ、左半身を隠すような位置から戦況を見つめる姿は、ファンには懐かしい光景である。そこには、監督としての強い役割意識が凝縮されていた。

「『古葉ちゃん、なんであの場所におるんや？テレビにも映らんし』と、知人によく尋ねられたものです。でも、あそこに立つと、投手の球筋も野手の動きもすべてがよく見えます。監督として11年間、僕は、試合中、一度もベンチに座ったことはありません。一球も見落としたくない。これが監督としての仕事です」

細かな戦術のこともあろうが、古葉が最初に語ったのは、全力プレーの重要性だった。

「プロとして大事なのは、ファンのみなさんに喜んでもらうこと。よく打った、よく止めた、よく走った。スタートがよかったと、喜んでもらえるプレーというのが大事です」

そのすべてが見える位置から指揮官が目を凝らしている。選手にはいい緊張感がもたらされ、プレーの集中度は増していく。もちろん、イージーミスは許されない。

強力打線も作り、投手王国の時代も築いた。

それでも、カープ野球の代名詞は機動力である。古葉の野球は妥協がなかった。

「1塁より2塁、2塁より3塁、ランナーが進むほどホームは近くなります。詰まった打球が外野に落ちて、ランナーがホームに帰ってくる。こういうところが大きいと思います。僕の時代は、高橋慶彦、山崎隆造、正田耕三が走る。山本浩二や衣笠祥雄も走る。スタメンのうち5〜6人が走れるチーム。そんなチームはなかなかありませんから、選手に恵まれたと思っています。走れると思ったら、選手にはどんどん走ってもらっていました」

ただ、試合運びの妙だけではシーズンを制することはできない。古葉は、常にシビアな目線でチームの戦力を見つめていた。

「自己満足ではいけません。1番から8番まで選手を並べてみて、相手チームとの比較を一生懸命にやっていました。巨人、阪神、中日……。それ以上のチームを作らないといい野球はできません。1番から8番のうち、5〜6人は相手を上回っているチームを作らないと優勝争いはできないと考えていました。投手陣も同じです。先発投手は5〜6人必要、そのうち4人は相手を上回っているようなチームを目指しました。中継ぎも、抑えも同じことです。もし、そうなっていなければ、スカウトにお願いするしかありません」

試合のワンプレーにこだわる。それが可能な選手がラインナップに揃うようにする。そのための土台は、スカウティングや練習場にある。カープの選手はよく練習するといわれる。今も、鈴木誠也が試合後であってもバットを振れば、大瀬良大地は若手の先頭に立って走る。そんな姿に、古葉は目を細める。

「我々のときも、浩二や衣笠が若い子に負けないような練習をしていました。それを見ると、他の選手はもっとやらないといけません。そういったことが、今につながっていると思います」

ハードワークと機動力野球、伝統の暖簾《のれん》の向こうを覗いてみれば、一球も見逃さない直立の指揮官の姿があったのだ。

第3章

猛練習から見つけた工夫と法則

~朝山東洋~

幻の天才打者

今も両ヒザに不安を抱えている。朝、ベッドから起き上がるにも痛みを伴う。ゆっくり起き上がると浴室に向かい、ヒザを温めて動ける状態にもっていく。

「レントゲンを撮ると、実年齢を遥かに上回るヒザの状態だと言われます。いつかは人工関節かもしれませんが、今は、まだまだ頑張りますよ」

久留米が生んだ九州男児はどこまでも快活だ。もし、あのヒザの故障がなければ、現役生活が10年で終わるような選手ではない。キャリア通算49安打で終わったような選手でもない。いわゆる天才打者だった。その片鱗は、筆者も何度となく目にしてきた。その印象度の高い名前とともに、1990年代のカープにエールを送ったものなら、何度も夢を抱いたスラッガーだった。

朝山東洋、43歳にして名伯楽の呼び名がふさわしい仕事ぶりである。リーグ3連覇の間、どれだけチームを救ったであろうか。打者には好不調の波がつきものだ。そんな中、二軍打撃コーチとして最短期間で選手を再調整させチームに貢献した。一方で、若手選手はもちろん、サビエル・バティスタやアレハンドロ・メヒアを鍛え上げ、日本野球に適応させてもきた。

「あのケガがあったから今があります。たくさん野球について考えることができました。引退が早かっただけに、多くの監督やコーチと仕事ができました。ここで、いろんなアプローチを学べたことが財産になったと思います」

天才打者と呼ばれた男は、苦難の道のりで野球道を極めてきた。その時間が、指導者としての引き出しにつながっている。

あのときのガムシャラが今はわかる

1995年、朝山はドラフト3位でカープに入団した。そのころは、まだ体に不安もなく、考える余裕もなく猛練習に汗を流していた。ただ、ガムシャラな日々であった。同期入団は、新人王に輝く山内泰幸、打者転向で首位打者となった嶋重宣、メジャーでも活躍した高橋建、５００試合登板の横山竜士、大瀬良大地獲得に汗を流したスカウトの田村恵らである。いわゆる、当たり年だった。朝山も、久留米商業高校で通算29本塁打、将来を期待される強打者であった。

みんな、同じ時間を過ごしてきた。当時の二軍監督は安仁屋宗八である。練習は、やはり厳しかった。

「ランニング系のメニューはすごかったです。体操なしでいきなり、アップとして2時間走ることも珍しくありませんでした。ふくらはぎが切れるかと思いました。2年目以降は覚悟しているので、準備をしてキャンプに臨みますが、準備しても準備しても追いつきません。（キャンプ1日目が終わった）2月2日には、全身筋肉痛でした」

もちろん、安仁屋の太陽のような愛情もたっぷりと浴びてきた。それだけに、朝山は、理論派コーチでありながら、どこか豪快な安仁屋的なコミュニケーション力を持つ。

「厳しさもあり、おおらかでもありました。マイナス思考はやめよう。消極的な姿はやめよう。逆に、積極的な失敗はOK、失敗しても責任は監督がとる。安仁屋さんは、そんな雰囲気でした」

チームの空気は明るいが、練習は猛烈に厳しい。「ムチャクチャや」と、10歳代の青年が思ってしまうのは無理もない。しかし、今、指導者になった朝山は、あの時間の重要性を強く実感している。

「あれは、一理どころか二理も三理もありますよ。正直、走ることの大事さがわかったのは、現役生活を終えてからでした。いつでも走れると思って野球をやってきて、僕は28歳で引退しました。今、30歳代後半の選手を見ていると、衰えは足からくるのだと感じることが多いです。走らなくなったら終わりとよく言われたものですが、そのとおりです。同学年の新井（貴浩）だって、よく坂道ダッシュをしていました。だから、長く活躍できたのだと思います」

だから、今、朝山は選手のウォーミングアップを注意深く見つめる。

「アップでわかります。しっかりやっているか適当にやっているかは、そのあたりです。カープはアップにうるさいチームだと思います。昔ほどハードではないかもしれませんが、やるべきことはしっかりやっています。それだけに、選手の取り組み方は大事だと感じます」

精密な打撃理論はあっても、それは魔法ではない。選手には、強固の土台が求められる。時代が変わっても、揺らがない真理である。

打てなくて考え、ケガをして考える

打球が前に飛ばなかった。プロのストレートに対応できなかった。ルーキーイヤーのキャンプイン10日目で、自分を変える必要性を痛感した。

「マシンの球は打つことができても、いざフリー打撃で投手の投げる球となると、打球が前に飛ばなかったです。バットの芯に当たる確率が低く、振り遅れていました」

これまでのスタイルでは通用しない。朝山は、バットを最短距離で出すことに集中した。肩より低く、体の後ろ側に構えていたフォームを大幅に改造した。耳の横にバットを構えるコンパクトなフォームである。

「大きいフォームで打ちたかったですが、まず打球を前に飛ばさないと始まりません。速い球を前にはじき返すことができるよう、最短距離でバットを出すことを最優先に考えました。あれが、自分の原点です」

一軍デビューこそならなかったが、彼は順調に成長を遂げていった。しかし、4年目のキャンプで右ヒザを負傷したのである。右打者が軸足のヒザにケガを負うことのダメージは大きい。実際、野球を辞めることを考えた時期もあった。しかし、朝山は次第に前を向くようになっていった。右ヒザの不安は打撃面に大きなマイナス要素になるが、その中で、工夫を重ねるようになっていった。

「6年目あたりから右ヒザの負担が少ないフォームを考えるようになりました。本当は右足に体重をグッと乗せたいところですが、それができないならば体の左側の壁を軸にしようと考えました。これは新しい発見でした」

なかなか力強い打球が打てない。さらに、低めの投球に苦労した。下半身で粘ることができないため、低めの球を強く捉えられないのである。

「高めの球を一発で仕留めるしかないです」と、九州男児は豪快に笑い、バットマンとして追い詰められながらも、明るい性格と探求心で打開策を探り続けた。そして、6年目の2000年には自己最多の58試合に出場し、5本塁打をマークした。これは、10年間のプロ野球人生の中でも最高の成績であった。

しかし、その後、今度は左ヒザを故障した。軸足を痛めても、左足の前の壁を効果的に使うことで新たな打撃スタイルを築いたが、今度は、左足にも不安を抱えることになった。

「右ヒザも左ヒザも使うことができず、痛み止めを飲み続ける毎日でした。そのとき、本当に思いました。前の壁っていかに大事かって」

軸足、前の壁、下半身の粘り、我々は簡単に用いる言葉だが、朝山はその真の意味を知っている。

練習も十分にはやれなかった。ヒザに不安がある中では、かつてのような猛練習はできない。バットを振りたくても、練習量に制限を加えなければならない。

「ティー打撃にしても、これまでは一日500球くらい打っていましたが、故障後は50球しかできませんでした。そのかわりに50球だけは、マックスに集中してやりました。練習は少なくても、その中でどれだけやれるか考えました」

極限の綱渡りから実感したバッティングのメカニズム、それに練習への考え方、今となっては、どんなバイブルより厚いコーチングの土台になっている。

伝説のノックから学ぶ

プロ10年、通算152試合で49安打、天才打者はケガに泣かされユニフォームを脱いだ。しかし、後悔に時間を費やすタイプではない。2005年からは、三軍野手コーチとして新たな野球人生をスタートさせた。

ケガをした人間のことがよくわかるだろうといった背景もあって、リハビリ組をアシストする三軍の担当になった。ただ、仕事はそれだけではなかった。二軍野手の練習を手伝うことも多かったため、ノックをマスターする必要があったのである。

「もう練習ですよ。一人でネットの前にグラウンド整備のトンボを2本立て、その間を正確に打てるように繰り返しました」

30〜40メートルの距離から、狙いどおりの打球を打てるよう自主練習を繰り返した。ゴロが打てるようになり、ライナーが打てるようになり、50メートルの距離でも狙った場所に打てるようになった。外野手へのノックもこだわった。

「生きた球を打ってあげないといけません。死んだ打球を打ってしまうと、それは簡単に捕ることができてしまいます。それでは練習になりません」

自身が外野手だったこともあり、朝山はストイックに追究した。その弾道の強さ、ボールの生きている感覚、正確さ。「朝山の外野ノックは東洋一」。のちに関係者が漏らした言葉は忘れられない。

その試行錯誤の中で得た気づきが、打撃コーチになった今も生きている。

「ノックバットは長いので、バットが力を貸してくれます。ハンドリングでいかにバットに仕事をさせるかです。手の使い方に関しては、現役時代よりコーチになってからのほうが上手かもしれません」

今、朝山は、打撃指導の一環として選手にノックバットを握らせることがある。最初は長いバットを扱いきれず、折ってしまう選手も少なくない。

「まずトスが上げられません。それからハンドワークの部分です。長いノックバットは遠心力でボールは飛びます。バットが仕事をしてくれるわけですから、あとは、ボールにバットをどう入れていくかです。どうすれば、トップスピンで真っすぐなライナーを打てるか、学ぶことは多いと思います」

守備コーチの仕事から、打撃コーチとしてのヒントを手にする。それを、選手育成に落とし込んでいく。現役引退は早かったかもしれないが、コーチとしての蓄積は豊富になった。守備も打撃も、選手業もコーチ業も、人生は連綿とつながっているのである。

名伯楽から学んだ、意識と現実の違い

出会った指導者の多さも彼の財産である。引退が早かっただけに、多くの打撃

コーチと時間を共にできたのは、指導者としての礎になっている。

そのひとつは内田順三の理論である。「最短距離でバットを出せ。繰り返しバットを振ることで、理にかなった動きを体に覚えさせよう」という、シンプルかつ情熱的な指導がベースになったことは間違いない。

他にも、多くのコーチの教えが血肉になっている。入団当初に教わった長内孝は下半身の重要性を説いてきた。上半身には無駄な力が入らないよう、練習方法には様々なアプローチを用いた。

一方で、手の仕事を重視する表現を用いるのが山崎隆造である。カープ黄金時代の天才打者にして、二軍監督も務めたレジェンドの独特の言い回しに、朝山は大いに賛同する。

「山崎さんは、手が先という表現をされます。体の開きをできる限り我慢して、まずは手を先に通す。バットに仕事をさせて、その後、体がまわる。むしろ、体は自然にまわるということでした。本当にそう思いますし、その表現を使わせてもらうことはあります」

通算2038安打の大打者にしてイチローや丸佳浩らを育てた新井宏昌からも理論を吸収した。軸足側の手ではなく、投手側にあるリードする手に重きを置き、バットをしならせる。華麗な現役時代のフォームは日本画のように蘇ってくる。「無駄な力を入れてバットを振り回すことによって、バットのヘッドスピードは殺されてしまう。腰のキレを良くして振り抜けば、そんなに体の力を入れなくても打球は飛んでいく」。筆者の取材メモにもカープ在籍時の理論が残されている。

打撃理論ほど言語化に難しいものはない。言葉にすればするほど、実態が逃げいく感がある。それだけに、打撃コーチの仕事は難しく、「ビュッ」とか「スパン」といった擬音の力を借りるのも真理であろう。

指導は十人十色のようでいて、すべての理論は、結局は同じ部分に集約されている。表現の枝葉に惑わされることはあるが、根っこでは、どの指導者も伝えたいことは共通している。

現役選手として、毎日の試合に戦い、好不調の波と向き合う中ではわからなくても、年齢を重ね大局的な視野に立つと、見えてくる。

「前田（智徳）さんにも話を聞いてみましたが、基本的なことは、みんな同じ。求めることは一緒。そう言っておられました。コーチの言い回しの部分もあります。僕は、早く引退したため、こういう接点がたくさんあったので理解できることが多いです」

かつては難解に感じた打撃理論も、今となれば大きくうなずくことができる。2001年からカープのチーフ兼打撃コーチを務めた松原誠である。通算2095安打、ホエールズの4番として8年連続20本塁打の強打者として知られる。

「グリップを（低い位置に）落とせというのが、現役時代はなかなかわかりませんでした。そうしてしまうと、高めの球が打てないと思ってしまいました」

グリップを低くすると、物理的に高めの球は遠くなる。高めを逃さないことが、朝山にとって生命線なのは言うまでもない。

「ただ、今はわかります。バットのヘッドが立っていれば、高めにもしっかり対応できます。松原さんが伝えようとしたことは十分理解できます」

打撃のメカニズムは言語化が難しい。真意をわかろうとせずアドバイスを拒むことは容易《たやす》いが、それでは進歩がない。指導者も、最適な言葉を見つけることをあきらめてはいけない。

「意識と現実の違いだと思います。先ほどもあったように、バットを持つ手が先に動くというアドバイスはありますが、現実は、そうはいっても下半身から動いています。だからといって、下半身を使えということばかりを強調すると、バットが出てきません」

薬の調合のようなものか。現実にスポットライトをあてた表現なのか、意識づけを重視したがためのアドバイスなのか。コーチングは奥が深い。具体と抽象、現実と意識、理論と感情、そのベストミックスを探る旅に終わりはない。

赤い調律師

その調律の業は職人のようである。調子を落としファームでの再調整を余儀なくされた選手を、二軍打撃コーチの朝山は、鮮やかに再生させ続けてきた。

　2016～2018年のリーグ3連覇の間も、仕事ぶりは際立っていた。小窪哲也、安部友裕、西川龍馬らを最短期間で復調させ、一軍戦線で躍動させてきたのである。サビエル・バティスタやアレハンドロ・メヒアらも同様である。

　夕方、テレビの前に座ると、彼の仕事が始まる。一軍の試合を見ながら、各打者の状態に変化がないかチェックするのだ。

「調子を落としてきた選手、もうすぐファームで再調整かなという選手はわかります。もし修正するならどのポイントかとイメージしながら見ています。そのためにやるべき練習のチョイスも考えます」

　メンテナンス。何やら無機質な言葉だが、朝山は、その作業に手間と情熱を注ぎ込んでいる。例えば、彼の流儀のひとつに『メモをとらない』というものがある。

「メンテナンスというのは、ある程度の力がある選手についてですから、常に観察していれば見えてきます。どこが良くて、どこが課題なのか、わかるものです。そこを覚えておくことです。ただし、メモはとりません。絶対に忘れませんから」

それだけの濃度で向き合っているのである。テレビ画面を見ながら、選手の状態を把握する。そして、頭の中で、指導の引き出しを開けてみる。そのアプローチの順番までも考えながら、映像に見入るのである。

「まず、フォームの修正です。下半身の使い方の問題を探り、それでなければ上半身です。体は、幹と枝にわけて考えます。胴など体の大きな部分を幹と考え、ヒザ下やヒジ先が枝です。なるべく大きな幹の部分からチェックしていくのですが、たいていは幹に問題があることが多いです」

問題点を把握すれば、あとは処方箋である。二軍コーチとしては、最短での一軍復帰期間である10日間を有効に活用する。

「最初の5日間は、思い切って大胆にやらせます。結果を気にする必要はありません。二軍の試合では、テーマとするワンポイントだけを意識してもらいます」

しかも、朝山は準備段階から複数の処方箋をイメージしている。

「一軍での打席を映像で見る段階から、選手に応じたアプローチや自分が開けるべき引き出しの順番を考えるようにしています」

練習方法、意識づけ……3日間をワンパッケージにして、それを3セット。そんなイメージで、最短10日間での復調をプランニングするのである。

特に繊細に考えるのが左打者である。田中広輔、松山竜平、安部友裕ら右投左打。岩本貴裕ら左投左打。そのどちらかによって、アプローチは変わってくる。

「右投左打は、どうしても右手に意識が集中します。逆に、後ろ側の手が上手に使えないケースがあります。左投左打は、後ろ側の手（左手）のリードによってスイングします。左打者は、教え方にも引き出しが必要だと思います」

そのプログラムは大学のカリキュラムのように精密で、シラバスは具体的なプランに満ちている。普段のコミュニケーションは豪快で気のいい兄貴分のようであり、打撃に向き合う姿勢は研究者のようである。これが指導者としての両輪である。

ドミニカンも慕う人柄とコミュニケーション術

尊敬と親しみからニックネームで呼ばれることがある。『カベ・サ・グランデ』。スペイン語で〝頭の大きい人〟という意味である。

これだけで、ドミニカ共和国から海を渡ってきた選手との絆の強さは、想像に難《かた》くはないだろう。朝山は、来日当初からサビエル・バティスタやアレハンドロ・メヒアを熱血指導してきた。2015年、カープアカデミーからバティスタが来日した。

「バットが下から出るので、ベルトのゾーンは打てないだろうと思いました。高めの甘い球も打てないだろう、低めのボール球を振るだろう、そんな印象でした」

そこから、熱血指導が始まった。まずは高めの球を打てるようにしようと、練習もティー打撃から徹底的に高めに設定し、スイングの矯正も施した。チーム方針も、彼らを外国人選手としてではなく、他のルーキーと同じように鍛えていこうというものだった。

通常メニューに加え、早出や居残りの練習もある。いつしか、朝山は彼らと通訳を介さずコミュニケーションをとるようになった。「パル・メディオ＝センター中心に打っていこう」。「バモス＝がんばれ」。「アルト＝高め（を狙っていこう）」。

挨拶のみならず、野球用語も頭に入れ、選手にダイレクトにアプローチしていった。

「コミュニケーションがとりたかったです。ちょっとした挨拶でも大事です。こちらがカタコトであってもスペイン語を話すと、向こうもカタコトの日本語で返してくれます。しかも、カタコトですから相手が集中して耳を傾けてくれますし、身振り手振りにも熱心に見入ってくれました」

パワーはあるが、粗さが目立つ。そんなバティスタの長所は認めながら、朝山は〝彼なりのコンパクト〟という境地を説いた。ステップをやや小さくして、バットの軌道が遠回りしないようにした。

２０１７年、バティスタは、史上３人目の一軍公式戦２打席連続本塁打という鮮烈なデビューを果たした。一軍に定着し、リーグ２連覇にも貢献したが、翌シーズンは相手投手の厳しい攻めが待っていた。内角攻めである。開幕一軍を逃したのも、死球によって左手甲を痛めたことが原因だった。

内角を意識する。踏み込んでいけない。打撃フォームが開いてしまう。「踏み込んでいこう」「少しクローズに構えてみよう」と、朝山も様々なアドバイスをしたが、簡単に状態は戻らなかった。朝山はアプローチを変えてみた。

「センターから逆方向に打っていこう。そうすれば、開かずに左肩が残る。内角の速球に課題は残る、バティスタのパワーなら大丈夫。詰まってもスタンドインできる。そう伝えました」

入団当初からバティスタを見てきた。内角に詰まりながらバックスクリーンに放り込む姿も目にしてきた。だからこそできるアドバイスである。

「インコースの速球には詰まっても大丈夫」。この言葉はバティスタの気持ちを大きく変えた。

「朝山コーチのアドバイスは今も続けています。朝山さんは、自分がインコースに強いことを知ってくれています。だから、真ん中から外の球をセンターから逆方向とアドバイスしてくれたのだと思います。この意識でバッティングが上向きました」

素直な性格で練習熱心。バティスタは指導者の教えを実直に実践した。その積み重ねが、一軍での活躍に結びついている。また、様々な日本語を覚えている。「イイネ」「ソノカンジ」「ソウソウ」。聞けば、指導の中で朝山が発した言葉が耳に残ったようである。そんなバティスタが、2019年、監督推薦によって、初のオールスター出場を果たした。

「彼も頑張りました。練習から真面目にやってきて、努力すれば、何とかなるということですね」

〝カベ・サ・グランデ（頭の大きい人）〟の頭脳には、選手を育成するノウハウと情熱が詰まっている。

ちなみに、朝山の帽子のサイズは60センチである。

一軍コーチは時間との戦い

コーチ業は16年目になり、すっかり選手生活より長くなった。2020年シーズンからは一軍打撃コーチとして戦う。彼は、新たなミッションに向き合うことになる。

『出場選手の登録を抹消された選手は、登録の抹消公示の日から試合に出場することが停止され、登録の抹消公示の日を含み10日を経過しなければ、再び出場選手の登録を申請することはできない(日本プロフェッショナル野球協約)』

二軍であれば、最低10日をかけて選手を再調整することができる。しかし、一軍はそうはいかない。なるべく最短で選手の状態を上げることが求められる。朝山は一軍コーチとして、さらに短い時間で仕事をしなければならないのである。

「3日しかない。それくらいの感覚です。試合後に付きっきりでやって、翌日は早出練習で確認して、それくらいやらないといけないかもしれません。調子に波はあるものですが、下降を食い止めたいです。どん底の状態にある選手を減らしたいです」

それに、一軍投手との対戦である。ファームのときの育成重視の要素はなく、結果がすべてになってくる。

「そこの経験がないのですが、イメージは沸いています。粘って球数を投げさせたい部分。一方で、見逃し三振もOKという割り切りを持てるかという部分。場合によっては、粘りが必要であったり、割り切りが必要になったりします。僕自身、アドバイスというより、選手が踏ん切りをつけられるようにしたいです。選手は緊張もするし、硬くなってしまいがちです。リラックスというか硬くならないような言葉を掛けたいです」

愛用の品がある。長い棒の先に丸い皿がついたものだ。これがあれば、朝山はヒザを大きく曲げることなく球を拾うことができる。ヒザに痛みがあるときも打撃練習に付き合い、球拾いまで手伝うための道具である。

「釣り竿の先に、調理器具のおたまの先端部分を引っ付けたものです。便利ですよ、これがあれば、どんどんボールを拾うことができます」

ヒザが痛むから球拾いをしないのではなく、できる方法を考えていく。まさに、朝山の思考が詰まっているかのようであった。

「いや、これは譲り受けたものです。亡くなられた宮脇敏さん（カープ球団本部、育成部を歴任）が使っていたものです」

これ以上は、尋ねることはしなかった。現役引退は早かったが、朝山は、カープをあらゆる角度から知る、野球をあらゆる視線から学ぶ、そんな時間に恵まれた。その経験のすべてを、彼はV奪回にぶつける。

時事通信フォト

2007年9月1日、広島市民球場で通算2000本安打を達成した前田智徳（写真上）。
2020年2月、日南キャンプで声を出す朝山コーチ（写真下）

「疲れてから覚えることもある」

長内孝
(元・カープ、オリックス打撃コーチ)

大きな体、人柄の良さを凝縮したような笑顔で訥々《とつとつ》と語る。それだけに、発する言葉とのギャップに驚いた。

「バッティングとは力が入ってしまうもの。どうしてもね。力を抜けと言っても、なかなか抜くことはできません。だから、何とか力が抜ける方向に持っていこうと思いました。疲れてから覚えることも、あるよね」

1986年には19本塁打でカープのリーグ優勝に貢献し、1988年以降は、4番を任されることもあった強打者である。温厚な人柄でも知られ、長内の営む焼き鳥店『カープ鳥 おさない』には、かつてのチームメイトのみならずライバルまでもが足を運ぶ。

1994年からカープで打撃コーチを務めたが、その熱い指導ぶりは、これらのイメージを覆す。この時代、新井貴浩、東出輝裕、朝山東洋、森笠繁ら多くの選手がここから育った。彼らは「長内さんは恩人」だと口を揃える。

「新井なんかもそうでしたが、なかなか力が抜けなかったです。なので、試合前には、疲れることばかりをさせました。そうすれば、試合で無駄な力も入らないでしょ」

調整が優先されそうな試合前である。重い鉄のバットを振らせ、連続ティーもやらせるなど、さながらキャンプの居残り練習のようである。

他にも、長内のタフなメニューは伝説として残る。2キロのバットを振らせる。ウエイトトレーニングの後にスイングさせる。息を止めてバットを振らせる。とにかく、主眼は、力を出し切り、打席では無駄な力の入り込む余地をなくしたいのである。

長内には、疲れてから覚えた打撃の感覚がある。選手名鑑の趣味の欄に「コーチ」と記入した逸話を持つ山内一弘との出会いである。通算2271安打、掛布雅之、真弓明信、高橋慶彦、原辰徳らを指導した名打撃コーチである。

「山内さんが臨時コーチで来られて、そのときに下半身の使い方を教わりました。下半身を使ってバットを振ることです。上体に力が入っていてはいけません。練習量も多かったです。でも、疲れてから覚えたこともありました。腕の力が抜けて、バットの走りが良くなったのです」

長内自身も、力が入り、それが力みにつながってしまうタイプだったという。だからこそ、脱力の大切さも、その境地への道のりも知っていた。

カープでコーチを務めた後も、徳島インディゴソックス（四国アイランドリーグ）やオリックスバファローズで指導者を務めた。今でも、長内の指導を待望する声は少なくない。

あれほど厳しい練習を課しても、誰も不満を言わない。むしろ、感謝しかない。これはかりは、天性の人柄に頼るところが大きいだろう。

東出が、朝山が、森笠がコーチになった。ただ、長内は、「楽しみよね」と笑うだけである。この笑顔には猛練習以上に、人を脱力させる効果がある。

「100%なんかあるものか」

水谷実雄
（元・カープ、タイガース打撃コーチ）

通算2119安打、孤高の天才と呼ばれた男が恩師の右手を握りしめながら号泣していた。2013年10月2日の試合前、前田智徳は三塁側のベンチに出向き、引退の報告を行った。

水谷実雄である。現役時代は通算1522安打のバットマンであり、指導者としては、ブレーブスやカープなど6球団を渡り歩いた。このとき、水谷は卓越した指導力でタイガースの打撃コーチに就任していた。もちろん、前田もルーキーイヤーから指導を受けている。

天性のバットコントロールは、やはり噂に違わぬものだった。

「球のつかまえ方、バットの出し方、素晴らしいものがありました。これは、教えたからと言ってできるものではありません」

さらに妥協なくバッティングを探求する姿も目の当たりにした。水谷がカープの寮に住み込んでいたときの話である。

「隣の部屋から前田がバットを振る音が聞こえてきました。しかも、夜中です。最初は、ブーンという音が聞こえてきましたが、時間とともに音が変わっていったのです。ピシャ、ピシャ、そんな鋭い音に変わっていきました」

水谷が前田を叱ることは極めて少なかった。

「前田は手がかからない選手でした。自分の感性が備わっていましたから、自分でやるべきことがわかっていたように思います」

水谷が前田に対して声を荒げたのは一度だけ

道者と求道者の会話においてだからこそ、威力を発揮するのであろう。

だったという。

「彼は完璧を求めて、気持ちを切り替えられないところがありました。そんなときは、『100パーセントなんかあるものか』と、どやしたものです」

美しい打撃フォームから、芸術のようなバットコントロールを見せる。前田の生涯打率は、3割2厘、プロ野球の歴史においても21位に位置づけられる偉大な数字である。それでも、裏返しには、6割9分8厘の凡打がある。

失敗を減らすための取り組みも、熱量が高いあまりにプラスに左右しないこともある。執着すればするほど、切り替えというものは難しくなっていく。

「100パーセントなんかあるものか」

荒っぽいような響きではあるが、これは、求

第4章

エースを受け止める基礎・基本・土台

～倉義和～

笑顔ある猛練習

短い距離から投げられたワンバウンドの投球を捕り続ける。絶対に逸らさない。体に当ててでも止めるのである。ともすれば、悲壮感が漂いそうな反復練習である。これが、カープ投手陣を支えてきた。フォークを武器とするストッパーの永川勝浩が引退会見で残したコメントが印象的だ。

「ベースの前でバウンドするようなフォークをキャッチャーのみなさんが、体を張って止めてくれました。キャッチャーが優秀なので、ランナー3塁でも思い切ってワンバウンド（のフォーク）を投げられました。ありがたかったし、心強かったです」

これほど誇らしい言葉はない。歴代のバッテリーコーチは、常に、『ワンバウンドの捕球』を捕手の最重点科目に位置づけてきた。ただ、猛烈な反復が必要である。プロ19年、41歳まで現役だった倉義和も、この練習には相当の時間を割いてきた。

しかし、彼がコーチとなった今、ワンバウンド捕球の練習で選手から明るい声が響き、笑いが起こることもある。それは、ほんの小さな工夫から生まれたものである。

ボールがバウンドする土のグラウンド、キャッチャーの手前に小さなポリウレタン製のカラーコーンを置くのである。サッカーのドリブル練習やウォーミングアップのときにトレーナーが芝の上に置く、蛍光色の小さなものを想像してほしい。このひと工夫だけである。

コーチの倉がワンバウンドのボールを投げる。基本的には、捕手は体やミットで止めるのだが、時折、小さく柔らかいカラーコーンがいたずらするのである。ボールはコーンに当たると、野球の実戦ではないようなイレギュラーバウンドをするのだ。

「障害物を入れてワンバウンドをイレギュラーさせると、選手は、いつもと違う新鮮な感覚で練習ができます。やらないといけない練習でなく、やってみたい練習にしていきたいです。そうすれば、自分から取り組める練習に変わっていくと思います」

奇妙なワンバウンドに選手が笑い声を起こすこともある。あれほど、地味でハードな練習も、ひとつの工夫で大きく変わるのである。基本練習に嬉々《きき》として取り組む姿に、倉は目を細める。

「捕手の練習メニューは大きく変わっていません。やるべきことは同じです。しんどいものなのは変わりませんが、少し楽しさや新鮮さが加えられればと思います。他球団の練習なども見ながら、あきさせないような工夫を考えています。ただ実際は、何度も言いますが、同じことの繰り返しです」

現役19年、一軍定着には8シーズンを要した。2016年の引退試合は、エース黒田博樹がマウンドに上がりコンビを組んだにもかかわらず、1回表2死1・3塁で降雨ノーゲーム。41歳のベテランの最後のプレーは、中止後の雨中ダイヤモンド激走、からのヘッドスライディングだった。縁の下の力持ちは、悪天候を忘れさせてくれるような笑顔に包まれて、グラウンドを去った。ただ、後日の振替試合後に行われたセレモニーでの挨拶が、実にカープ一筋の苦労人にふさわしいものだった。

「入団して19年、下手くそだった自分をここまで育てていただき、ありがとうございました」

カープで育った男は、引退後、二軍バッテリーコーチとして後進を指導することになった。今度は、自分がカープの捕手を育てる番である。

基礎を学ぶには土台が必要

キャッチャーは特殊性の高い専門職である。選手名鑑をめくってみてほしい。投手や野手に比べ、格段に捕手の数は少ないはずだ。当然、プロ・アマ問わず指導者が豊富にいるわけではない。

例外ではなく、倉も、プロ入りまでのキャッチャー修業はほぼ独学だった。

「大学でキャッチングやブロック、スローイングもほとんど教わったことはありません。すべて見様見真似です」

テレビの映像でスワローズの正捕手・古田敦也の捕り方や座り方を研究し、やってみた。しかし、それで格段に技術が上がるわけではなかった。

「下手でした。あれは、キャッチャーの形をやっているだけのような感じでした。配球などは投手と話し合いながらやっていましたが、キャッチャーの動きは物まねをするしかありませんでした。そうすれば上手く見えるようになるかと思いましたが、実際は難しかったです」

『上手い』と『上手く見える』。近いようで遠い二つの概念を、倉はプロの世界で思い知った。

「上手く見える人は、ストレートしか捕れなく、軌道が変わると捕り損ねることがあります。しかし、上手い人は違います。どの投手の球も、どの球種も同じように捕球できます。投げ損ないすらもしっかり捕ることができるのです」

この二つの概念の間を流れる河を渡りたかった。プロ野球の世界には経験豊富な専門の指導者がいた。プレーの基礎を学びたかった。揺るがない技術を知りたかった。倉は、捕手について学ぶことに飢えていた。

1998年、初のキャンプ。大卒の即戦力ということで一軍メンバーでのスタートになった。捕手について教わるはずだった。しかし、それは簡単には叶わなかった。キャンプの練習のハードさについていけず、それどころではなかったのである。

「ウォーミングアップで外野を20分間走る段階からしんどかったです。教わる内容より、体力的についていくだけで精一杯。毎日やれるのかと不安で、練習をこなしているだけ。吸収したくても頭に入ってこないような状況でした」

基礎を学ぶには、そのための土台が必要なのだ。倉は、地道に一つひとつの石を積み重ねる必要性を痛感した。

奥深きキャッチャーの世界

ルーキーイヤーの春季キャンプも中盤になると、倉は二軍組に合流となった。ここから、捕手人生の土台固めが始まった。指導者は社会人を経由して、西鉄ライオンズを皮切りに3球団でキャリアを築いた片岡新之介だった。叩き上げのベテラン指導者は基礎を重んじるタイプだった。指導は、球の捕り方から始まった。

「ピッチャーのことを考えて捕る。試合で審判に見せることも考えて捕る。こういうところから話してもらいました。そこまで気持ちを入れて捕った経験もなく、数を受けてきたわけではないので、とても勉強になりました。投手に伝わるようなボールの捕り方についても考えるようになりました」

百戦錬磨の指導者の奥義は文字どおり奥深かった。ミットの構え方やボールの見方まで具体的なアドバイスがあったのだ。

「もともと座ったときの足の幅が狭く安定感に欠けていましたが、少し足の幅を広げるようにして変わりました。股関節にはまるような感覚で、少しどっしり感がでてきたような感じがありました。それに目線です。少し下から見上げるような感じです。そのほうが、投手のリリースもフォームも見やすくなります。おまけに高めの球にも低めの球にも反応できるようになりました」

さらには、ものの見方である。視野を広くなどというが、倉が教わった言葉はもっとユニークである。

「集中して見たらダメ。ボヤっと見なさいと言われました。一点を集中すると他のものが見えなくなる。投手、球の軌道、打者を空間全体で捉えていく。そんなことも教わりました」

キャッチングへの考え方を変える。自分主導でなく、投手が主導だ。そのためには、足幅を広げてどっしりと構える。すると、目線は下からになりボールを追いやすくなる。さらには、周囲の気配を察知するための奥義である。

いくつもの基本という〝点〟がつながって〝線〟になる。これこそが、長い選手生活の土台になっていくのである。

基本動作は反復あるのみ

基本の壁は高かった。これまでの概念を変え、それを体に覚えさせなければならない。

「最初はボールの見方にしても、どうやってそんなことができるのか？と思いました。でも、そのうちに慣れてくるものですね」

動きを繰り返すうちに、体は新たな動作を受け入れていくのだ。しかし、単純に繰り返すだけではいけない。頭に意識づけをしながら、体を動かす必要がある。忘れられない練習がある。両足に太いゴムチューブを巻いてスローイングの足の運びを繰り返すものだ。チューブが伸びるように両足を割って、投げる方向に体をもっていく。負荷がかかるため、一回一回にかなりの力を必要とする。ただ、強い負荷に比例するように、頭には正しい動きが刻まれていく。

「これを教わって、１００％の力でなくても70～80％の力の入れ具合でいい球が投げられるようになりました。下半身を使って投げることの大事さを知りました」

近道はなかった。

「最初の基本がなかったら、プロ野球でやらせてもらうことはできなかったでしょう。プロ入りの最初の段階で基本を徹底してもらったことが財産です。覚えるためには繰り返すことしかないと思います」

スポーツのトレーニングの世界も進化は著しい。指導者として、新たな学びもあれば、効果的なメソッドを探りもする。しかし、捕手という専門職において、なかなか成長の魔法は存在しない。地道に理にかなった動作を繰り返す。これしかないようである。

「数は絶対的に必要になります。捕手は座ってやる仕事ですから、まずは下半身が強くないとできません。夏場に1試合出場したら、消耗度はものすごいです。それに耐えうるようなことをやって、体力もつけておかないといけません。ある種、キャッチャーはキャッチャーの動きの中で強化しないといけない部分がありますす」

性格的にも真面目で、捕手の指導に飢えていた倉は、地味な練習にも目を輝かせて取り組んだ。

しかし、今や指導者である。様々な考えを持ち、キャリアも十人十色の選手たちに、この道を歩ませなければならない。彼にとっても、新たな挑戦であった。

厳しい道でも、納得して楽しく歩ませるために

引退後の2017年、倉は二軍バッテリーコーチに就任した。前年から、選手兼任でコーチを務めていたので、まったくの新人コーチというわけではないが、大きな責任がのしかかってくる。一人でも多くの若者にキャッチャーの土台を教え込み、一日でも長くこの世界で活躍できるようになってほしいからである。

「入団して19年、下手くそだった自分をここまで育てていただき……」という、引退セレモニーでの言葉の裏返し、いや恩返しの立場になったのだ。

捕手に求められる能力に変わりもなければ、練習メニューの幹も変わらない。ただ、練習にあたってメニューの狙いを言葉で説明するように心がけている。

「この練習が何につながるのか。今の若い選手は、意味のない練習はやりたくないはずなので、意味を伝えるようにしています。正確に投げるためには、この練習。ワンバウンドへの反応を良くするためには、この練習。そういうことは大事

にしています」

しかも、彼の説明はどこまでも丁寧で理論的である。なぜ、動作の反復練習が必要なのかという筆者の問いにも、答えは明確だった。

「練習で意識してやっていることを、試合では無意識でやれるようにしたいです。野球のプレー中に、考えている暇なんてありません。例えば、ランナー1塁の場面で、バント・エンドラン・スチールと無意識に対応できないといけません。意識せずにできないと、展開の速さについていけないですから。準備して、想定して、無意識に正しいスローイングをする。こうなってほしいです」

無意識でできるプレーこそ、最速のプレーなのだ。投手も、牽制球やクイックでコンマ数秒を削り出している。捕手も動きの無駄を省き、迷う時間をなくし、コンマ数秒を削り出す必要がある。

反復練習の辛さは知っている。だからこそ、説明は丁寧にしたい。できれば、少しは楽しいものにしてあげたい。二軍での全体練習終了後も、倉は、相手チームの練習に目を凝らすことが多い。何かヒントはないか、何か新鮮なものはないか。近道はなくとも、景色の違う道はあるかもしれない。捕手の世界が奥深ければ、指導者の世界はさらに奥深いのである。

「繰り返しになりますが、捕手のメニューって大きくは変わっていないです。やるべきことは同じなだけに、飽きさせない工夫はないかと考えます。しんどい強化でも、少々の楽しさが加えられないのか。そんな目線で、いろんなチームの指導者を見させてもらうと、参考になることはあるものです」

こんな表現は好まないかもしれないが、倉義和は苦労と努力を丁寧に重ねて19年のキャリアを築いてきた。それだけに、方法論は多くの選手に当てはまりそうなものである。しかし、彼は選手に押しつけない。やるべきことの答えは出ているにも関わらず、狙いを説明し、わずかながらの改善を重ねていくのである。ひょっとすると、こんな性格だからこそ、平成のカープ史を飾った大エースたちの信頼を勝ち取ることができたのかもしれない。

究極は、一人でやる、自分からやる

理想の練習は、自分からやる練習だと確信している。練習の方法や工夫は提案するが、最終的に、やるのは選手自身である。

秋季練習の時期、34歳のベテラン白濱裕太がマシン相手に一人でキャッチング練習を繰り返していた。こういった光景が理想である。

「白濱も坂倉（将吾）も磯村（嘉孝）も自分でやってくれています。言ってもやらない人もいます。言われ続けないといけない人もいます。しかし、自分から練習する選手になってほしいです。一軍を経験してわかったのですが、自分で時間を見つけないといけません。誰に言われることなくやるようになってほしいです」

倉も、自覚を促された出来事があった。2005年の春季キャンプでブルペン捕手を務めていたときのことである。マウンドから投げていた黒田博樹に、その捕球や姿勢について怒りを買ったのである。

「自分に甘さがありました。少しずつ試合に出られるようになり、緊張感が薄れていた部分がありました。黒田さんは先輩ですが年齢も1歳しか違わず、こちらに甘えのような気持ちがあったのも事実です。キャッチング、考え方、野球への責任感、一つひとつが、ごもっともでした。野球に対しての考えをあらためさせられました」

失った信頼を取り戻したい。29歳、すでに中堅選手の域に差しかかっていたが、ゼロから野球に取り組んだ。全体練習終了後も、休日も、マシン相手にキャッチング練習を繰り返した。

これは倉にとっての大きな転機となった。このシーズン、自己最多の109試合に出場、盗塁阻止率4割をマークした。そこから10年以上にわたって、彼はエースの球を受け続けてきた。黒田博樹、佐々岡真司、高橋建、前田健太……。正確なキャッチングと丁寧なプレーぶりは投手陣の絶大な信頼を集めた。もちろん、石原慶幸というレギュラー捕手が存在していたが、倉もベテラン捕手として自分の立ち位置をしっかりと確保していた。

他の捕手を見て参考にした。コーチのアドバイスも大きかった。一方で、彼は、コンビを組む投手からも学んでいた。

「ピッチャーから教わることは多いです。キャッチングの構えも基本はありますが、投手によって好みが違うこともあります。コースに構えるにしても、ミットだけを寄せればいい人もいれば、体ごと寄せてほしい人もいます」

献身的なプレーぶりに磨きがかかった。球界を代表する投手と時代を共にできた。その中で、倉の野球観はどんどん深まっていった。

エースからの学び

19年間のキャリアで数々のエースの球を受けてきた。その一球一球の重みが倉の経験値になってきた。新監督になった佐々岡真司もその一人である。倉が一軍に定着したころ、佐々岡は30歳代後半だった。円熟のピッチングから多くのものを肌で感じ取った。

「速いストレートだけでなく、バットの芯を外す投球術がありました。打者に気持ちよくスイングをさせません」

不思議な投球があった。一見すると甘く入った球にも関わらず、打者が凡打するのである。投げた本人も、失投したような雰囲気はない。試合後に理由を聞いてみると、そこには大きな発見があった。

「コントロールミスをしても打ち取ることのできる配球をしていたのです。例えば、打者がシュートを意識しているなら、スライダーは甘く入っても大丈夫。そういう意識を持っていたようです」

ストレートとスライダーで213奪三振のシーズンもあれば、シュートで詰まらせてアウトを積み重ねるシーズンもあった。先発で完投すれば、力勝負で守護神として君臨もした。長いキャリアで様々な色合いを見せてきたエースから、彼はピッチングの奥深さを学んでいった。

もちろん、前述の刺激を与えた黒田の存在も大きかった。さらに、忘れてはならないのが、2008年に見せた高橋建との名コンビぶりであった。38歳で開幕を迎えた高橋は、4月19日のジャイアンツ戦で102球の完封勝利を成し遂げた。これは球団史上2位の高年齢完封記録である。クレバーさと球のキレで高橋は、前半戦だけで6勝をマーク、39歳2ケ月にしてオールスターの舞台に初めてファン投票で選出されたのだ。

「あのときは、（高橋）建さんと投げたい球が一致することが多かったです。シュートですね。あの球を使うことができて、右打者を打ち取ることができました。ゴロアウトが欲しいところで取れました。それまでは、直球を主体にしてカーブやスライダーでしたから、大きく幅が広がりました。建さんと話をしても、『なるほど』の連続で、ピッチャーに成長させてもらったシーズンでした。しんどい中ですが、リードも含めてキャッチャーの仕事が、少し楽しく感じられるようになったシーズンでした」

翌年、新境地を拓いた高橋はニューヨーク・メッツでメジャーデビューを果たし〝アラフォーの星〟として注目された。当然、その活躍は倉の自信になり、喜びにもなったのは言うまでもない。

30歳代も中盤になり、倉はベテランの域に差しかかったが、また、エースの称号にふさわしい投手に巡り合った。２０１０年、前田健太が高卒4年目ながら15勝をマーク、沢村賞を受賞するなど大ブレイクを果たしたのだ。

「あのころが、自分の一番の集大成だったかもしれません。マスクをかぶっていて、投手の意図がわかりました。マエケンの力が大きいですが、状況を考えながらリードすることができたと思います」

ひとつの集大成が、２０１２年4月6日ベイスターズ戦のノーヒットノーランである。

「あの日はチェンジアップが良くて、積極的に使いました。いつものマエケンはスライダーのイメージですから、余計に効果的だったと思います」

二人は抜群の技術と卓越したコンビネーションで共同作業を完遂していった。ただ、投手がサインに首を振らないからコンビネーションがいいというようなものではない。

「マエケンが首を振ることもありました。でも、首を振っても考えがわかる部分がありました。彼は、リズム良く気持ち良く、自分で責任を持って投げたほうがいいタイプでした」

すべてを投げたいように投げさせただけではない。捕手として、18・44メートルを挟んだ対話を重ねていたのである。

「サインに首を振られても、うんうん、そうか。なら、俺の選択はこっち。そうかそうか得意なほうで勝負したいのか……こういう会話がサイン交換の中でわかり合えました。もちろん、ベンチで話し合いもしました」

前田健太は豊富な球種と正確なコントロールで多くの選択肢を提供する。倉は、豊富な経験から冷静な判断をする。両者は、幸せなタイミングで出会うべき相手に巡り合ったのである。

倉のキャリアはカープの低迷期が中心だった。2016年の25年ぶりリーグ優勝も、二軍コーチ兼任の選手だったため、優勝の舞台に立つことはできなかった。それでも、倉は自らの現役時代を「いい時期にプレーできた」と振り返る。

「佐々岡さんで投球術というものを知り、黒田さんに心構えも含めてさらに詳しく教えられ、高橋建さんやマエケンのころには、自分で考えて納得しながらサインを出せるようになりました。投手の力が大きいですが、理にかなった打ち取り方ができるようになったと思います」

背番号40のオーソドックスな捕手は、コーチから学び、エースから学び、成長を遂げていった。もちろん、その学びは現役選手を引退しても続いていく。

勝つ野球を、勝てるキャッチャーを

2019年秋、倉は一軍バッテリーコーチへと配置転換された。これまでのファームとは役割が違うことは百も承知である。

「二軍は育成が主眼でした。勝敗についても求めてはいましたが、やはり育成重視でした。しかし、これからは一軍で勝たないといけません。勝つ野球が必要です。僕自身も勉強が必要です」

選手の技術向上のためのメニューは変わらない。反復練習の重要性も継続のノウハウも培ってきたものがある。それに加えて、捕手として試合に勝つための取り組みだ。

「選手のどんな質問にも答えられるようにしないといけません」

どこまでも地道で献身的である。シーズンオフ、彼はスコアラー室に通ってセ・リーグ各球団の研究を開始した。ポジションもキャッチャー一筋なら、性格もキャッチャーそのものである。

真面目に一歩ずつ課題を解消する。地味な努力を怠らない。倉義和が歩み続けるキャッチャー道。エース投手ほどの太陽を浴びることはないかもしれないが、この道こそが職人の道なのだ。

入団当時は、西山秀二、瀬戸輝信の強力2枚看板の時代だった。成長しても簡単には出場機会は得られない。それでも、倉は常に前向きだった。あるチームメイトの言葉を覚えている。

「彼から愚痴を聞いたことはほとんどありません。とにかく自分のことより、投手のことやチームのことを考えていました。西山さんや瀬戸さんがいるなら、3

今シーズンから一軍バッテリーコーチを務める倉。2020 年 2 月、日南キャンプでのひとコマ

時事通信フォト

2012年4月6日、倉とのバッテリーでノーヒットノーランを達成した前田健太投手

番手捕手でもいいから一軍でやりたいと、前向きに練習をする人間です」

捕手は経験が力になるポジションだ。一方で、その経験は簡単には積めない。倉は貴重な経験をノートに綴るようになった。

「自分はまだまだ野球を知らないですし、野球を学ぶ必要がありました。試合での状況や打者の傾向、さらには投手の特徴をノートにつけるようにしました。失敗しても次にどう生かすかが大事ですから」

ベテランになっても、この作業は続いた。経験値が頭脳に蓄積されても、若手のころと同じように試合後にはノートに向き合った。

2019年、キャンプイン直前の故障で出遅れた中村奨成の手にはノートがあった。

「倉さんに言ってもらって、一軍の試合を映像で見ながらレポートを作るようにしました。あらためて、會澤（翼）さんの内角球の使い方などの上手さを感じます。自分も配球を考えて、先輩のリードと比べながら、気づきをまとめるようにしています」

中村は、甲子園1大会6本塁打の記録で全国の注目を集めたドラ1捕手だが、やはり、基礎の積み上げは必要である。大器は、未来を見据えながら足もとを固める。むしろ、華やかな活躍を期待される選手だからこそ、強固な土台固めが必要なのである。

「日々新たなり」。倉がよく口にした言葉である。若手の時期には基本に学び、中堅に入って投手から学び、エースとの出会いで初心に帰り、また学ぶ。もちろん、指導者としても学びの真っただ中である。

キャリアの中心はカープの低迷期だった。そんな中だからこそ、強烈な個の力が、より輝いて見えた。佐々岡、黒田、高橋（建）、前田（健太）。倉は、エースの伝統を肌で感じ、チームに継承していく。

一方で、野手の強烈な個性を感じ取ってきた男もいる。前田智徳の技術を学び、野村謙二郎や金本知憲のプロフェッショナリズムを肌で感じてきた。泥まみれになってボールに向かう新井貴浩とも同じ時間を過ごした。その経験が、2016年リーグ優勝の原動力である強力打線の形成に貢献した。171センチと小柄でも、頭脳と負けん気で1366安打、東出輝裕である。

第5章

野村・金本・緒方・前田……最強攻撃陣を継承する哲学者

〜東出輝裕〜

バットを握る哲学者

ひたすらに選手のスイングを観察する。自らバットを手にして見本を見せてみる。そこから、その動作の主意を言語化する。理解を深めた選手のスイングは明らかに変わっていく。この日は、ドラフト1位入団から6年目のシーズンにレギュラー奪取を賭ける野間峻祥にマンツーマンで指導を行っていた。

「あれは見本を見せているのではなく、一緒に考えているのです。ボールと勝負しちゃうようなスイングになっていて、無駄な力が入っていました。野間はトップから100%の力で振ろうとして、構えの段階から100%の力になっています。車で言うならば、ニュートラルがありません。そこを修正したら、タイミングも早く取れて、打球の音も良くなりました。しかし、ここからです。今度は実戦の中でできるかです。試合の中では、せっかくのいい形からもとの自分に戻ってしまう人が多いです。悪い癖は抜けないが、いい癖はすぐに抜ける。だから、練習には量が必要だと思います」

言葉の主は1998年にドラフト1位で入団、松坂世代屈指の内野手として通算1366安打を放った東出輝裕である。引退後は、一・二軍で打撃コーチを歴任、石井琢朗や迎祐一郎とのトリオで強力打線を作り上げ、チームをリーグ3連覇に導いたのは記憶に新しい。

筆者の興味は、その理路整然とした野球理論である。カープ猛練習のピークの時期に入団している。実際、同期入団の新井貴浩もドラフト6位から猛練習で這い上がったと認めている。

しかし、東出は少し雰囲気が違う。厳しい練習で這い上がった自負は感じるが、一方で、語り口は哲学者のようである。

「僕は子供のころ、右打ちでした。今でもゴルフは右、ロングティーでも右のほうがよく飛びます」といった思い出話も、彼の言語能力のもとでは文化人類学に早変わりする。

「実は子供のときに右ヒジを痛めて、打ちにいくとヒジがロックするような感覚になりました。そこで、左打ちになりました。要は、作った左なのです。だから、右投左打の野間の気持ちはわかります」

少年時代の左打者転向の裏には、壮絶な練習の量と質があった。

「打てないと悔しくて、考えて、鏡の前でバットを振る。その繰り返しでした。ボーイズの全体練習の後、父の知人がやっているバッティングセンターでさらに2～3時間打たせてもらいもしました。バットを振るのは苦ではありませんでした」

いつしか左打席も自分のものにし、敦賀気比高では甲子園の顔として〝天才〟と関係者に評された。俊足で守備力も高い、当然、ドラフト1位でプロ野球の世界に飛び込んだ。

90年代カープの緊張感

考える、バットを振る。このサイクルが体に染みついた野球小僧にとって、カープ入団当初の練習〝量〟は苦ではなかった。しかし、練習の〝質〟と〝空気感〟には独特のものを感じていた。当時は、野村謙二郎、金本知憲、緒方孝市の全盛期である。その練習の様子に東出は衝撃を受けた。

「体力はありましたから、練習の数を受けるのは大丈夫でした。それより環境や雰囲気でした。野村さん、金本さん、緒方さん、目の前ですごい人たちがものすごい練習をしています。しかも、笑顔ひとつ見せることなくやるわけですから、本当に仕事として野球をしているのだと実感しました。僕のそれまでは部活動の延長みたいなものでした。練習の肉体的なしんどさは紛れるものですが、あのピリピリした緊張感は衝撃でした」

東出はグラウンド外でも、プロの背中を見つめてきた。シーズンオフ、金本の勧めもあり『トレーニングクラブ・アスリート』に通ったときのことである。強度の高いトレーニングにトップ選手が悲鳴のような声をあげて挑む光景は多くの関係者が目にするところである。東出も例外ではなく、冬には、この場でシーズンを戦うフィジカルを培ってきた。彼が驚いたのは、ジムワーク後の光景だった。

「金本さんがウエイトトレーニングの後、必ずバットを振っていたのです。理由は、何のためにトレーニングをしているのか体に言い聞かせるためだとおっしゃっていました」

90年代の強力野手陣の取り組みを、まさに砂かぶりの位置で東出は見てきた。だからこそ、時代に合わせながらも、受け継いでいく厳しさはあると考えている。しかし、心配はなさそうだ。

「今は鈴木誠也や會澤翼の存在があります。彼らの姿を見れば、みんなピリピリします。しかも、室内練習場もあっていつでもバットを振ることができる環境ですから」

悲壮感のようなものはないかもしれないが、時代に合った緊張感がある。カープのプロ意識は着実に継承されている。

キーワードは『趣味化』

コツをつかむには練習量が必要になる。東出の持論である。また、多くの打撃コーチが口を揃えるのだから、バットという道具を使う競技にあって、習熟曲線が練習量にある程度影響を受けるのは否定できまい。

東出は90〜2000年代において、トッププレーヤーの壮絶な取り組みを目の当たりにしてきた。金本も、前田も、いつもバットを振っていた。緒方は、タイミングの割り（トップの位置を決める動作）だけを1時間も繰り返していた。そのシーンの一つひとつが、チームの伝統になっているのである。

天才と評された前田智徳の言葉からも、打撃に近道がないことを覚悟した。

「自分で考えて、失敗して、やってみないとできるようにはならない。だから、打撃は教えようがない部分がある。我慢して工夫して自分でやるしかない」

芸術的な打撃技術で2119安打を放った男ですらこう語るのだ。キャンプでも早朝から夜間までバットを振らせ、シーズンの遠征中もホテルでバットスイングを行う。打撃コーチになった東出の方針に、迷うところなど微塵もないのである。

ひとつの究極の姿がある。同時代に4番を務めた栗原健太であり、今の4番・鈴木誠也である。

「クリケン（栗原健太）なんて、早朝にバスで二軍の由宇練習場（山口県）に移動する前に、自主的に箱一つぶんのボールを打っていました」

確かに、栗原は時間さえあれば打撃のことを考え、信号待ちの時間さえ打撃について考えてしまうことがあるというくらいである。もはや、練習時間とか練習時間外などという概念はない。やらされる練習という概念はゼロ。ノルマという考えもない。とことん追求して試行錯誤を繰り返す。しかも、そこに絶対的な正解がないことも知っている。それでも、理想のスイングを求め、納得のいく打球を一本でも多く打とうとするのである。

「誠也（鈴木）だって、時間さえあればバットを振っていて、打撃をどこまでも追求します西川（龍馬）も、いくらでもバットを振っています。この前の秋季練習でも、『軽めの練習だぞ』と言っても、1時間も2時間もバットを振っているのです。そこに小園（海斗）や坂倉（将吾）らが食らいついていくのですから、いい土壌だと思います」

もはや、練習の『量か質か』という議論は消えてしまった。『やる練習、やらされる練習』という議論でもない。習慣化よりさらに成熟したゾーンである。当たり前のように、自分の興味と自分の生活のために、進んでバットを振る。『趣味化』というニュアンスが今の時代背景に実によくマッチしている。

あの人も、この人も、言っていることは違わない

高校時代から注目され、ドラフト1位でカープに入団、1年目から18歳にして一軍デビューを果たしている。レギュラーも張り、オールスターにも出場する一方で、故障や二軍生活も経験してきた。自ら考え抜く男は、多くの先輩や指導者の理論を吸収しながら、野球脳を高めてきた。いつしか、周囲のアドバイスには共通する部分が多いことに気がついた。

「コーチによって言い回しが違うだけで、みんな言いたいことは同じだとわかってきました。あのコーチも、あの人も、言っていることは同じだってことです」

ちょうど、入団8年目くらいというのだから、142安打を放った2006年

前後のことである。その後、２００８年に打率3割1分をマークするのだから、思考の成熟とフィジカルの充実が一致したときに、プレーヤーは全盛の時期を迎えるのだろう。

コーチ業を重ねた今である。東出は、打撃理論をシンプルな言葉で説明することができる。

「①はタイミング、②はトップにいかに入れるか、③は崩されてもバットのヘッドを利かすことができるか、大きな要素はここだと思っています」

しかし、ここからが指導者の腕の見せどころである。

「僕の場合は、タイミングを取ることは得意でしたから、他の部分が課題でした。人によって、それは違いますから、どこにアプローチするかです」

東出は、選手を観察し、対話を重ね、問題点へのアプローチを提示する。秋季練習では、高めの球をファールしてしまうことが多かった三好匠に、新たな練習方法を提案した。胸の高さにロープを張りスイングの軌道を意識づけ、バットの面を返さずに素直にバットを振るものである。野間峻祥には、利き手ではない左手でキャッチボールをやらせてみた。この練習のルーツは、２００１〜03年にカープでチーフコーチを務めた松原誠である。

「松原さんが、右投左打の僕に指導してくれたのを覚えています。左投左打のつもりでやってみなさい。右投げの意識だと重心が投手方向に行ってしまうことがあるので、左投をやってみて、重心を後ろに残すように意識してみなさいと言われました。それを、今、野間たちにやらせています」

東出は、テニスやゴルフなど他の競技も見ながら考察を深めていった。やはり、同じ左打者でも右投げか左投げかによって、動き方は違うという傾向に気がついた。

「僕も含めて、後で作った左打ち、いわゆる右投左打の選手は打席でのミスの仕方に共通項が多いと思います」

打撃の目指すところは同じでも、選手に合ったアプローチを提供したい。プロ17年間、出会ったすべての指導者が学びにつながっている。

「内田順三コーチには、とにかくバットを振りなさいと。これだけバットを振ったのだから打てないわけがない。そう思えるくらいやりなさいと言われました。小早川毅彦コーチは、優しい人でした。失敗を恐れず、困ったら自分の得意なコースを狙っていくように指導してもらいました」

答えは同じでも、説明の仕方は千差万別。選手時代に各コーチのアドバイスを消化することは誰もが可能なわけではない。しかも、打撃は繊細なものである。とかく、指導者や野球評論の世界でも抽象的な言葉が多くなる。やはり、感覚の世界なのか。いや、違った。バッティングを極めてシンプルな言葉で言語化できる人物が現れた。その男の登場で、カープは強力打線を形成し、新たな黄金時代の扉が開いたのである。

人生を変える一冊のノート

几帳面な文字がノートを埋め尽くしている。とても、プロ野球のキャンプ期間中に書かれたものとは思えない。体の大きな男たちが、宿舎の机に身をかがめる姿はなかなか想像できるものではない。

２０１５年秋、カープの打撃コーチになった石井琢朗は選手たちに理路整然と講義を行っていた。同じく打撃コーチを務める東出は、石井の考え一つひとつに共感した。

「まったく考えが同じでした。考えがシンプルなのです。例えば、フォームは大事。でも、みんなフォームにこだわりすぎるということです。テニスとかを見ていても、ここまでフォームばかりを言いませんよね。要は、いつでも手を出すことのできる体勢であり、タイミングです」

ただ、考えは同じでも、石井の言語化能力はすごかった。これまで漠然の要素があった打撃について、石井は明確な説明を次々に与えていくのである。

「この練習は何のためにやるのか。そういった説明もありました。ロングティーなら、体幹を使うこととトップの位置の確認、ティー打撃は上から叩くこと、フリー打撃はセンターから右方向に入っていくこと、スランプ時の過ごし方……選手時代からやってきたことではありますが、言葉にして説明できる人はなかなかいるものではありません」

実際、キャンプの打撃練習でも、ひたすら低い打球を打つゲージ、とにかく逆方向に打つゲージなどが設けられ、目に見える形で選手の意識改革を促していた。当然、石井らも現役時代には自分の頭の中で意識づけをしながらやっていたことであろうが、このように『見える化』したことのプラス面は絶大である。

その講義ノートは今も大事にとっている。あらためて見返しても、その体系化された理論には驚かされるという。

「得点するためには、まず出塁。そのためには投手との対戦もあれば、捕手との対戦もあるということ。出塁の次は進塁です。これは必ずしもランナーが進むことだけではありません。足の速くない選手が1塁走者で、次打者のほうが走力の高い場合、ランナーが併殺崩れで1塁に残ることも進塁打です。そして、生還です」

決してスモールベースボールの徹底ということではない。

「スモールベースボールもビッグベースボールもないと思います。場面に応じて最適を求めるということです。まあ、足を絡められて打力も高ければ最高です。

2016年は田中、菊池、丸、誠也がいて、さらに周りが固めるわけですから理想的ですよね」

しかし、進塁打の徹底は簡単にできるものではない。その重要性についての東出の考察は深い。

「ドラフト制度が変わって、いい投手が各チームに均等に入団しますから、接戦は増えると思います。そうなれば、進塁打は必要になってきます」

チームプレーを道徳的な話でなく、時代背景とともに説明できる首脳陣の言葉は、選手に重く響く。

こんな打撃コーチ陣が一体となって野球を説く。選手のポテンシャルも揃った2016年、カープはリーグトップの684得点（2位スワローズは594得点）を叩き出した。

「人材が揃っていました。田中・菊池・丸に（鈴木）誠也、走・攻・守に頭脳を背負った選手が揃っていました。そこに〝心〟も持った新井さんや會澤です。本当にいいチームです」

走・攻・守は個人技能の要素も強いが、そこにコーチ陣が明確な言葉で頭脳をもたらした。さらに、経験を積んだものしか到達できない、心。5拍子揃ったチームのリーグ3連覇は必然であったのかもしれない。

それでも、バットを振ることが一番

理論派のコーチ陣をもってしても、バッティングに近道はないようである。『結局、バットを振ったものの勝ち』というのは、今も昔も変わらない。

「センス抜群の前田さんや石井さんでも、バットをたくさん振っています。センスだけではありません。失敗して、考えて、経験値を高めていく。その積み重ねです。投げるという動作は体の消耗度も高いでしょうが、バットをたくさん振ることはできます。足と守備が武器で入ってきた選手も、足が十分に動く間にヒットが打てる技術を身につけておけば、ベテランになって走力が落ちても代打を含めて出場機会を持ち続けられます。守備・走塁でチャンスをつかんで、経験を積みながら打力をつけることが大事です。長く野球がやれるようになります」

東出自身も、スピードや内野守備でルーキーイヤーから出場機会を増やしてきた。野球センスの塊と評されたが、センスだけで野球をやったという意識はない。バットを振って、振り込んで、できないことを一つひとつつぶしながらヒットを積み重ねてきた。

「僕らの仕事は、できないことをできるようにすることだと思っています。素振りをして、体のケアをして、映像で研究をする。三振してはいけない場面では三振をしない。打者有利のカウントでポップフライを打たないようにする。自分に合った打撃フォームを見つけていく。そういう積み重ねだと思います」

そのためには、バットを振って、考えて、またバットを振る。これしかないのだと17年の現役生活で実感したのである。

やらせるのでなく、自分からやる

打撃コーチとして考えを押しつけることはない。今の時代、スマホやタブレットで映像を簡単に確認できる。映像を見せながら、問題点を説明し、比較することもできる。「できない間は、自分の感覚を優先してはダメ」と、映像などを用いて、客観的な説明を加えていく。

「今の時代、苦言を言われることが嫌な人は多いと思います。怒られ慣れていない人もいます。そこはイソップ寓話《ぐうわ》の北風と太陽です。優しい言葉を掛けてみれば、危機感を与えもします。しかし、忘れてはいけないのは、打席では一人だということです。気概をどれくらい持つかはとても大事なことです」

そういう意味では、カープには素晴らしいチームの雰囲気がある。選手同士で叱咤激励することだ。

「選手が選手を叱ってくれます。コーチが心配する前に、選手が注意をしてくれるのです。そういう意味では、（ＦＡ権を取得した）會澤の残留はとても大きいです。會澤や（鈴木）誠也が、他の選手のことを見てくれています。面倒も見れば、注意もします。仲はいいながらも仲良しクラブではない。そういうところがありますｊ

やらされる練習は避けたい。かといって、誰もが自分からやれるわけではない。しかし、カープには選手同士の信頼関係と絆がある。お互いが励まし合いながら野球に向き合える、いわば、『自分たちからやる』空気があるのだ。

二軍コーチとしての再出発

２０１９年秋、カープ３連覇の強力打線を束ねた東出は新たなミッションを担うことになった。二軍打撃コーチへの異動である。

「會澤や誠也とは違います。見ないといけない選手も多いので、忙しいですね。練習の時間が短く感じるくらいです」

時事通信フォト

2001 年、生還した金本知憲を迎えるベンチ。
そこには松坂世代屈指の内野手として活躍した東出の姿も

背番号72はグラウンド狭しと動き回り、観察し、手本を見せ、考えを説く。

理論派コーチだが、若い選手たちには、気持ちの面から説くつもりである。

「これから野球を知るべき若い選手に、アマ時代とプロの違いを教えなければなりません。一人でも多く、誠也や曾澤のような選手を育てたいです」

練習量が必要不可欠なことはわかっているが、彼が課すのは『やらされる練習』ではない。自分から当たり前のようにバットを振り、考える。そんな選手と共に悩み、共に戦いたいのである。

「秋季キャンプで見て、1年経ってルーキーたちも成長していました。でも、まだ一軍メンバーとは力の差があります。もっと柔軟な考えを持って、引き出しを増やしてほしいです。技術を追求する中で、考えることが大事だと思います。他の競技を参考にしてもいいでしょう」

東出はあらゆるものを吸収して、自分の野球観を培ってきた。それは、物理学のようであり、哲学のようでもある。ひとつの答えに帰着したわけではなさそうだが、その模索の時間が野球人生の揺るがない土台になったことは確かである。

「テニスには空振りがあまりないでしょ。なぜか？　ボールを面で捉えるからだと思います。ゴルフなら、突っ込んだ打ち方にならない。なぜか？　ボールが止まっているからだと思います。当たり前かもしれませんが、こういった動きの要素を野球でできないか。考えてみることから始まります」

バットを振る前に考えてみよう。まずは意識改革だ。春季キャンプでは、あの2016年の優勝に直結したミーティングも導入する考えだ。

「あのとき（2016年）石井琢朗さんがやってくれたことをやってもいいかなと思います。ミーティングで教わったことが財産になったので、キャンプで時間を設けたいです」

考えてやることが必要、もちろん、練習の量も必要。ハードルは低くはない。しかし、野手はそこまでやらなければならない。また、彼自身やってきたという自負がある。

「野手は他の人に迷惑をかけるポジションです。エラーもすれば、チャンスで凡退もするからです。チームメイトの給料も背負ってプレーしています。こういうことを教えたいです。そのためには練習から緊張感が必要です」

高い能力を持ちながら、東出も守備には苦い記憶がある。ルーキーイヤーにリーグ最多の25失策を犯している。18歳のルーキーだ。一軍でそれだけ出場することだけでも、称賛されるべきことである。しかし、プロ野球の世界、グラウンドに立つ以上、言い訳の余地はない。

「エラーは減らしたいです。一方で、あの人のエラーなら仕方ないと思ってもらえるようなところも必要だと思います。そのためには、練習から、量も必要ですが態度も重要です」

言葉のチョイスの良さと確立された理論に目がいきがちだが、彼のイズムの根幹は、猛烈なプロ意識であり、責任感だ。18歳から一軍デビューを果たした。同じグラウンドには、野村・金本・前田、・緒方といったカープ史上最強の野手陣が立っていた。その取り組みを東出は目の当たりにしてきたのである。それは、技術だけではない。主力選手としてチームを背負う責任である。

自分の心の変化を実感したことがある。選手会長になったシーズン、内野守備でイレギュラーした打球をエラーしてしまったときのことである。

「イレギュラーだったので、ヒットかエラーかと思って判定を見ると、エラーだったのです。そのときは、エラーの判定に、ある意味良かったと思えたのです。ヒットだと投手の責任ですが、エラーだと野手の責任ですから。以前は、こういう心の動き方はありませんでした。心から、そういうことを思えました」

責任を、チームを背負える選手を育てたい。自分から動き、考える選手を育てたい。二軍での育成の仕事に、勝算はある。

育てるチームの土壌

勝算に値する感覚が東出の手に残っている。2018年に新入団会見でルーキーたちと交わした握手である。

「ドラフト3位の林（晃汰）や7位の羽月（隆太郎）と握手をしたとき、ゴツゴツしたバットを振り込んでいる手をしていました。スカウトに聞くと、本当に厳しく練習をやってきた選手だということでした。1位の小園海斗は同じような感覚ではありませんでしたが、彼は、守備や走塁に多くの時間を割いてやってきたようでした。これはこれで、のびしろだと思います。思うのが、うちのスカウトの方々は、そういう選手を獲ってきてくれています。カープに合う選手です。スカウトは、選手の試合だけでなく練習をよく見ているようです。こういうおかげだと思います」

土壌というのは一朝一夕でできるものではない。卵が先か鶏が先かはわからない。しかし、練習熱心で真面目な選手をスカウトが発掘する。その選手たちは、カープでさらなるプロ意識に衝撃を受ける。そして、世代を超えた選手たちがハードワークの中で競争するのである。

そんな土壌に目を細め、胸を張るベテランスカウトがいる。カープ一筋半世紀、彼の仕事ぶりにチームカラーが凝縮されている。

「練習量で質をつくる」

内田順三
(元・カープ、ジャイアンツ打撃コーチ)

名伯楽に魔法はなかった。現役引退後の1983年から36年にわたって、カープとジャイアンツで打撃コーチを務め、多くの名選手を育て上げたが、その仕事はシンプルな作業の積み重ねだった。『プロ野球はバットを多く振ったものが勝ち』。ごく自然な原理原則に打撃理論とユーモアを散りばめた指導だった。そこから、緒方孝市、野村謙二郎、江藤智、丸佳浩、松井秀喜、阿部慎之助ら多くの強打者が羽ばたいた。

「ヒントを得るには練習しかありません。バットを振ると、なぜ?どうして?が生まれます。そこで考えて試す。やはり技術がない若手はバットを振るしかありません。バットを振らなくなると疑問も生まれません。これがなくなったら、バッターはおしまいです」

内田の野球人生に影響を与えた人物がいた。5度の本塁打王に輝き、西鉄の監督も務めた〝怪童・中西太〟である。内田はスワローズ入団当初、彼の指導を受けた。

「とにかくバットを多く振るように言われました。1日400~500球です。そのときに結果が出たものですから、そういうものかと思いました。中西さんの口癖は、『打撃は十人十色』でした。リズムもタイミングも足の上げ方も人によって違うという考えでした」

この教えがベースになっているから、選手を型にはめようとしない。基本の動きは反復練習で徹底するが、考えは押しつけない。「生かす、育てる、つくる。これを間違えてはいけない」という中西の言葉を胸に、選手の長所を見つけ、明るい声を掛け、数多くバットを振らせてきた。

「個性を伸ばす中で、基本を大事にする。辛さや頑張りが修羅場での球際の強さにつながります。今は、量でものをつくる時代ではないかもしれませんが、僕は、量で質をつくるという考えが根底にあって、選手に努力させています」

野球界には50年以上身を置くが、魔法もなければ答えもない。だから、コミュニケーションと基礎理論を土台に厳しい練習を課していく。ベースには愛情があるのも忘れてはならない。

「たとえ底辺にいるような選手でも、一回は一軍の打席に立たせてあげたいです。その1打席が3球三振でも、将来、子供にプロ野球選手だったという話ができますよね。指導者として、やはり選手にランクづけはありますが、こういう気持ちも強く持ってやってきました」

2019年の新体制では、内田が二軍監督時代、共に選手を指導した朝山東洋が一軍打撃コーチに就任した。コーチングや打撃について意見を交わした教え子でもある。

「僕はカープにはコーチのマニュアルがあると思っています。でも、それは文書ではありません。コーチが選手に教える。教わった選手がコーチになる。こういう流れがあるから、一貫した指導ができると思っています。しかも、そこには新たなプラスアルファがあるはずです」

打撃指導に魔法はない。内田は36年間、情熱とアイデアを武器に選手と向き合ってきた。シンプルだからこそ、その考えは、長きにわたって多くの選手の信頼を集めたのであろう。

第6章

育てるチームにマッチするスカウティング

～苑田聡彦～

カープイズムを守り続ける43年の眼力

スカウト生活43年、選手時代を含めるとカープでの時間は半世紀を超えた。彼の存在は、まさに球団史そのものである。スカウト統括部長、苑田聡彦。生き様を含め、自分の流儀を持つ職人である。

この日の取材も、いつもの料理屋のいつもの席で応じてくれた。お酒は嫌いではないが、こちらの最後の質問が終わるまではお茶しか口にはしない。写真撮影がなくても、襟付きのシャツにニットでやってくる。足もとも、ゴム底で動きやすさには配慮しながらも、革靴である。待ち合わせ時間より前にやってきて、颯爽とこちらを出迎える。もう取材で携わって10年近い。取材は結論から入ったほうがいいタイプであることも知っている。

話題は、東出輝裕打撃コーチがルーキーたちと交わしたときの握手である。明らかにバットを振り込んでいるゴツゴツした18歳の手に、指導者はカープのスカウトたちのポリシーを感じているのだった。

「スカウトは、ドラフトまで選手と握手することはないからわからんよ。握手するのは、契約するときだからね」

苑田の答えはそっけないものだった。しかし、質問の真意を即座に理解し、雄弁に語り始めた。

「練習している選手かどうかは大きな判断材料です。そこは各担当スカウトにも尋ねます。そういう意味では、手のひらのマメなんかは体質にもよりますが、バットを振っているかどうかは想像がつきますね」

高校通算50本塁打、MAX150キロのストレート、通算300奪三振、ドラフト前になると様々な枕詞がメディアを彩るが、苑田はまったく関心を示さない。あくまで、自分の培った眼力で勝負なのだ。能力の高さだけではない。『カープに合う選手』を追い求め、練習から目を凝らすのである。

「練習する選手ということ。それから、打つときに腰を引かずに向かっていく選手です。アウトになって、人のせいにするような態度の選手は好きではないです」

ある場面を記憶している。学生野球で、ランナーが3塁ベースを蹴って、本塁に突入したが、タッチアウト。こういったときに、サードコーチャーのせいにするような態度をとる選手がいたのである。このタイプの選手は、たとえ指名リストに入っていても、苑田の頭からは外れる。ベテランスカウトが見ているのは、奪三振や盗塁成功でもなければ、本塁打のガッツポーズでもないのだ。

その中でも、練習ができるというのは最重要ポイントになってくる。そこにはあらゆる要素が絡んでくる。

「練習ができるためには、故障持ちではいけません。昔は選手の家族を訪問できたので、ご両親のスポーツ歴や子供のころの選手の様子を聞くことができました。母がおてんばで……祖母の体が大きくて……そんな話を聞くと、しめた！と思ったものです。やはり、（担当した）江藤智にしても、金本知憲にしても、栗原健太にしても、丈夫で練習のできる体をしていました」

練習ができる体というのは、単なる屈強さだけを指すものではない。苑田は『かっこいい』という言葉を好んで用いる。

「キャッチボールもそうです。地肩の強さだけではありません。バランス良く投げたときに、左足に体重が乗るかどうかです。そうしないとシュート回転してしまいます。打者では腰が引ける人は、ボールに怖さがあるということです。そういう意味で、選手がかっこいいかどうかはポイントにしています」

理にかなったバランスのいい動き、ボールに向かう強い気持ち、練習に耐えうる強い体、カープで躍動するに必要な要素を『かっこいい』の5文字に苑田は集約しているのである。

猛練習の原点は、初優勝から

1950年1月、西練兵場跡でチーム結成披露式が行われ、カープの歴史は幕を開けた。球団創設70年、最初から猛練習が代名詞のように用いられてきたわけではない。

苑田は1964年、三池工業高から〝中西太2世〟の異名を持つ強打の外野手としてカープに入ってきた。1969年には内野手へのコンバート、守備力も高め1975年の初優勝にも貢献している。それだけに、低迷するチームが初優勝を遂げ、黄金時代を形成する。そんな潮の変わり目は肌で感じてきた。

「最初から猛練習ではなかったですよ。僕らの時代は、ナイターの試合が終わると、広島市民球場からサッと自転車で帰ったものです。まあ、今とは練習環境も違いますからね」

ただ、チームはみるみる変わっていった。山本浩二、衣笠祥雄、三村敏之、水谷実雄、水沼四郎らがレギュラーになり、カープは戦う集団になっていく。

「チームメイトが打つと、自分が試合に出られなくなりますから、同ポジションの選手がホームランを打ってもベンチで握手しなかったことがあったくらいです。そういうピリピリした空気がありました。それに、打った人以上に練習をしないと試合には出られないわけですから、練習量は増えていきました」

激しいライバル争いはありながら、仲が悪いわけではなかった。初優勝のころには、独特の一体感も苑田は感じていた。

「自分が良ければいいだけではなく、みんながという意識はありました。初優勝の後の話ですが、食事会場ですき焼きを食べました。肉がなくなったころに、球団代表が現れて肉を追加してくれたのを覚えています。勝った日はビールが提供されることもありました。それでチームも盛り上がって、やはり勝たないといかん、勝つといいことがあるぞと感じたものです」

「アマは和して勝つ。プロは勝って和す」。西鉄ライオンズの名将・三原脩の言葉を、V1戦士の三村敏之は好んで用いていたのが忘れられない。

1975年の初優勝を経て、競争も練習もさらにハードになっていった。キャンプでも古葉竹識監督は厳しさを前面に打ち出した。

「ティー打撃でも、力いっぱい100％の力でバットを振り続けることだけを求められました。ずっとバットを握っていると、手がバットから離れなくなります。トレーナーの手を借りてなんとかバットを離すと、隣では、またチームメイトがバットを振っているような状態でした。そうなると、こちらもバットを振るしかありません。競争しながらも、ここ一番ではまとまるチーム。そんな雰囲気でした」

黄金時代を築いた古葉のチーム運営も冴えていた。エラーをしても、その選手を責めることはなく、担当コーチに言うだけである。そのコーチは、翌日、選手に追加でノックを打つ。選手はみるみる上達していった。キャンプでは、監督がグラウンドに最後まで残っている。そうするとコーチも帰れない。首脳陣の目があるから、選手は練習をやめられない。しかし、そんなサイクルを超える選手が現れた。目の前には、自らに厳しい練習を課し、バットスイングを止めない若者が現れていた。ヨシヒコだった。

『猛練習2.0』へのバージョンアップ

勝利への飢えやチーム内競争から猛練習が生まれ、1975年、カープは初の栄冠を勝ち取った。その後、苑田は30歳代になり、ベテランの域に入っていった。そこに強烈な若者が入ってくる。城西大学附属城西高の4番でエース・高橋慶彦である。入団後間もなく野手に転向し、スイッチヒッターとして成功すべくケタ違いの練習量に向き合ったのは、野球ファンなら知るところである。

「足は速いし、肩は強い。足の速さも種類が違いました。スーッと走るのではなく、土を噛むような力強い走りでした。それに、練習ぶりがすごかったです」

1977年に引退し翌年からスカウトになった苑田は、キャンプでの凄まじい練習ぶりを目の当たりにした。

「朝8時30分ごろに私が球場に行くと、もう慶彦はティー打撃を始めているのです。そして驚いたのが全体練習終了前の行動です。その時間になると、彼は、自分のスパイクシューズやヘルメットをバッティングゲージに置きにいくのです」

連日の行動を見ながら、苑田は気がついた。自主練習の場所取りなのである。限られた打撃ゲージを確保するための行動だったのである。もちろん、居残り練習は終わらない。「右打席と左打席の両方の練習ですから、他の人の倍にはなります」という伝説に偽りはなかった。

「そろそろ終わりにしませんか?」。日が落ちたグラウンドで整備担当者が高橋に遠慮がちに呟いた言葉は、今も苑田の耳に残っている。

意識改革やまだ見ぬ初優勝への渇望からの猛練習が『1．0』なら、高橋らは猛練習『2．0』世代である。厳しいチーム内競争と自己実現への夢、グラウンド外ではスマートな印象があっても、野球には泥臭く。そんな若者たちが切磋琢磨してカープを強くしていった。

「周囲にも影響は大きかったと思います。山崎隆造、長内孝、正田耕三、長嶋清幸、次々にそういう選手が出てきました。彼らも、練習をやらないと負けることは感じていたはずです。一軍のレギュラーと二軍選手の力の差はどんどん大きくなりました」

まだ駆け出しのスカウトだった苑田は彼らの背中から大事なことを学んだ。体が弱いと練習もできない。練習する選手、練習のできる選手に入団してもらいたい。スカウティングのベクトルは確たるものになった。

「練習を見ていれば、練習が好きな選手かどうかはわかります」

試合だけではなく練習からフォローする。苑田のスカウティングスタイルは、黄金時代の若武者の姿と強くリンクしていた。関東・東北・北海道という広大なエリアをくまなくカバーする。夏の高校野球地方大会の時期には、20日ほどかけてエリア内を見て回る。インターネットもスマートフォンもない。あるのは、熱意だけだった。そして、熱意が工夫を生んだ。地方紙の記者に頭を下げ、試合結果や翌日の対戦を教えてもらえるネットワークを構築する。新聞も各地のものを郵送してもらえるように依頼した。アマチュア球界の関係者とは積極的に会話し、ファールボールを回収にくる少年との会話からも情報の糸口をつかもうとした。選手も全力なら、スカウトも全力だった。グラウンド内外の全力が結集され、カープのチームカラーは、さらに色濃いものとなっていった。

どこまでも基礎、いつまでも基本

苑田には、忘れられない恩人がいる。

「今、どの方角にお住まいなのか、ときどき考えますよ。引っ越していなかったかな、と。そりゃそうですよ、あの人がいなかったら野球を続けられませんでしたから、足を向けて寝るわけにはいきませんよ」

まんざら冗談でもあるまい。感謝の言葉は何度となく聞いたことがある。カープでコーチを務めた広岡達朗である。広島県呉市出身、ジャイアンツで活躍した名内野手は、引退後カープで内野守備コーチを務めていた。のちに、監督としてスワローズやライオンズの黄金時代を築き、マリーンズのGMも歴任、野球殿堂入りも果たした大物である。

出会いは1970年にさかのぼる。前年に東京六大学のスーパースターである山本浩二が入団、首脳陣は山本を外野で起用する方針を持っていたため、外野手であった苑田は内野へのコンバートが打診されていたのである。

「冗談じゃないですよ。せっかく手にしたセンターのポジションです」。そんな気持ちから、苑田はコンバート打診後、すんなり次のシーズンの契約をしなかったほどである。

それでも根本陸夫監督の方針は揺らがなかった。

「監督に怒られて、しぶしぶ内野ノックを受けた記憶があります。セカンドの難しさも感じ、打撃まで悪くなってしまいました」

１９６９年は出場機会も39試合、前のシーズンから半減していた。苑田と広岡が出会ったのは、そんなタイミングだった。

今や野球界の大御所だが、当時の広岡は30歳代だった。若きコーチは妥協のない練習を苑田に課した。

「広岡さんのおかげです。一から十まで教えてもらって、1年後には自分は日本一の内野手だと思えるようになりました」

記憶に残っているのは、練習の量ばかりではない。とことんプレーの基本にこだわる姿勢であった。

「練習は基本ばかりでした。ひたすら正面にボールを転がしてもらい、態勢を作って正面に入る。ノックも左右には振りません。強い打球もありません。ひたすら正面に入って正しい形でボールを捕ることの繰り返しでした」

強い打球から逃げて形が崩れてはいけない。正しい姿勢に特化するため、ボールの正面に入って捕球したところで動きは終了。シンプルな動きだけに妥協は許されない。ステップが一歩多いだけでも、広岡から指摘の声が飛んでくるのである。むしろ、この練習がきつい。

「常に中腰、ずっと阿波踊りみたいな感じですよ。神経はピリピリ、1時間もやると、一日が終わったというくらいの疲れでした」

正面に入ればオッケーという世界ではない。ボールをグラブの芯で捕ることを求められたのである。

「グラブの芯でしっかり捕ることです。たとえグラブトスのような送球でも、パチンと音がするような捕球を求められました」

不思議なもので、基本を徹底すれば、応用は自分から取り組むものである。キャンプの全体練習が終わると、苑田は外野のフェンス前でボールの壁当てをするのが日課になっていった。しかも、フェンスの前には自分で石を並べて、イレギュラーバウンドの状況を作ったのである。

「最初は難しく思っていましたが、下半身が使えていればイレギュラーバウンドにも対応できるのです。そこで、広岡コーチの教えがわかりました。基本ができていれば、応用のイレギュラーバウンドにも対応できていくのです」

そんな50年前の経験を忘れないからこそ、スカウトになった今も、選手の基本プレーは重視する。試合の華々しい結果だけではない。キャッチボールから目を凝らし、選手の基本の部分をチェックする。ファインプレーだけではない。正面の打球に入って、しっかりスローイングできるか、苑田は平凡な内野ゴロにこそ注意を傾けるのである。

だからこそ、梵英心の内野守備の話になると、表情が緩んでいく。

「正面への入り方が上手いね。スローイングにも癖がない。本当にいい内野手です。ああいう選手を獲っていきたいですね」

２０１０年にはゴールデングラブ賞を獲得、カープ退団後も、梵は39歳まで社会人野球でプレーした。「自分は身長も大きくないので（１７３センチ）、ああいうオーソドックスな形でやるしかなかった」と謙遜するが、苑田は、実績のみならずプレースタイルも含めて、プロ・アマ問わず最高のお手本だと絶賛している。

「やはり基本のある人のほうが長く野球をやれます。いい形でプレーすると、たくさん練習しても故障しません。形がちゃんとしていないと、どこかに負担がかかり、疲労も溜まりやすく故障にもつながるはずです。かっこいい選手とよく言いますが、それはバランスの良さのことです。かっこいい選手は長く野球ができ、練習もたくさんできるのです」

それは投手も同様である。白武佳久、川島堅、黒田博樹、大竹寛、野村祐輔、苑田の見出した選手には投球フォームのきれいな本格派が少なくない。やはり、長く野球をやるためには、理にかなった形が必要だとの考えがある。

「投手はある程度の球数は投げるべきだと思います。気温や体調を考慮することは大事ですが、そこは考えながらも球数は必要です。スカウトで見ていても、3回まで好投しながら4回以降に球威が落ちる投手は多いです。横浜高校時代の松坂大輔投手を見ていたときも、やはり200球とか300球を投げていました」

練習の量は否定しない。しかし、それを故障なくこなすためには基本に忠実なメカニックが必要になる。そのためには、闘争心＋体の強さ＋基本重視の姿勢、である。

まだカープ初優勝の前の時代の話である。根本陸夫が、関根潤三が、広岡達朗が、大事な文化を培ってきた。その魂は、スカウトの眼力という形でチームに受け継がれている。

カープイズムを継承できる人材を

スカウト歴は43年、北海道から関東までをカバーした時代もあった。それだけに、苑田の伝説は枚挙に暇がない。本塁打王、打点王、首位打者、最多勝、最優秀防御率……担当した選手から数えきれないほどのタイトルホルダーを輩出してきた。『ある試合のスタメンのラインナップ全員が苑田の担当選手だった』という、まことしやかな逸話もある。

もうひとつが、多くの選手がスタッフや指導者として長く野球に携わっていることである。球団こそ離れたものの、金本知憲はタイガースで監督を務め、江藤智もジャイアンツで打撃コーチを務めた。嶋重宣がライオンズの強力打線の形成に一役買えば、河田雄祐はカープを25年ぶりのリーグ優勝に導き、今もスワローズでコーチを務めている。

「将来はコーチになんて考えたことはありませんが、こういうことを聞くと嬉しいです。とにかく一生懸命にやる人ということにはこだわってきました。選手として一生懸命に野球をやる人ですから、引退後にコーチを頼みたくなるような人なのかもしれません」

2019年秋、新たなコーチが誕生した。球団歴代最多の165セーブをマークした永川勝浩である。彼もまた、亜細亜大学時代から苑田が見つめ続けてきた選手である。

「彼はいいコーチになるでしょう。練習メニューを自分で考えて作ることができるタイプですから、選手に合わせた練習を考えられると思います」

しかも、永川は進取の考えを積極的に取り込みながら、伝統も大事にするタイプである。フォームやフィジカル面での科学的なアプローチにも熱心であり、一方で走り込みも重要視する。「野球人生で困ったときは、走る。走り込むことで土台を作ってきた」と本人も話すようにランニングの重要性は知り尽くした男である。

「キャンプでは先頭に立って走っていた印象があります。考えながら、積極的にやっています。永川はランニングコーチでもいいくらいですよ」

冗談を交えながら、新コーチへの期待に苑田の言葉も弾んでくる。それだけ夢を膨らますことができるくらい、苑田は選手をよく見ている。

「スカウティングでも性格は見ているつもりです。カープの野球、カープのチームに合うかどうかです。自分勝手な選手が一人いると、チームはマイナスの方向に向かってしまいます。カバーリングを怠るような選手、言い訳するような態度をとる選手、しっかり見ていればわかります。そういったとこを大事に見ていますから、引退した後にコーチやスタッフで声が掛かるのは、ありがたいですし自然な流れだと思います」

東京を拠点にする苑田は年に数回、広島に出張してくる。お好み焼き店や馴染みの居酒屋に出向くこともあるが、嬉しかったのは、ショッピングモールにとんかつ弁当を買いに行ったときのことである。担当した選手が家族と共に歩いていた。「広島は好き?」。まだ幼い子供に声を掛けてみると、「大好き!」と元気な声が返ってきた。選手とチームのベストマッチを見つけた。そう思える瞬間こそが、スカウトにとって最も幸せな瞬間である。

未来の広島カープへ

2011年を最後に苑田は特定の担当選手を持っていない。肩書はスカウト統括部長、全体に目を配りまとめ上げるのが仕事である。

「そりゃ、スカウトは担当を持って、惚れ込んだ選手を獲得しようというときが一番やりがいのあるものですよ。でも、役回りですから」

少し寂しそうではあるが、スカウト全体を統括する責任は重い。後進を育成することも考えなければならない。

「俺みたいにやれということもないですよ。今は今のやり方があるでしょう。ただ、自動車を運転しての事故だけには気をつけてほしいです」

いささか拍子抜けするような返事が返ってきた。これだけのノウハウや流儀を持つ職人だけに、秘伝のようなノウハウが伝授されるものだと思っていた。

「部長になったときに、球場のスタンドで新聞を広げていたスカウトを注意はしましたね。家で読んでから来なさいということです。試合を見ながらガムを噛むことも良くないですね。あとは練習を見に行くときの服装。そうそう、練習は最後まで見なさい、途中で帰ることのないようにとも言ってきました」

驚くほど、マナーや態度に関するものが中心である。むしろ、野球の見方や判断基準については個々人に任せている感すらある。

伝えたいことは一枚のレポート用紙に手書きでまとめてある。そこには、野球の見方、人づきあいの注意点、投げ方や走り方のチェックのポイント、服装などについて苑田の考えが綴られている。

時事通信フォト

1983年7月、オールスターで2塁を狙う高橋慶彦

それ以上のことは言わない。あのときの広岡コーチのノックと同じく、〝基本〟だけである。むしろ、それぞれが自分の流儀を確立してくれることを楽しみにしているかのようである。

未来のカープについても、思いはシンプルである。

「このままでいいでしょ。うちは、オーナーを中心に監督・コーチ、選手もみんなでひとつになってやっています。スタッフも一体になっています。その中に、俺みたいな口やかましい人間がいて、気づきを助言する。また、このチームはそれを受け入れる雰囲気があります」

カープの懐の深さが好きだ。スカウトになって間もないころ、ドミニカ共和国に視察に行ったときのことを覚えている。休日にスタジアムで野球を観戦すると、入場者にプレゼントが配布されていたのである。帰国後、そのことを伝えると、球団はそのファンサービスをすぐに取り入れたという。

一体感がありながら、大事な伝統は守る。それでいて進取の気質を持つ。そんな球団だからこそ、苑田は愛着を持ちながらも大胆に仕事に挑み続けることができた。

「今のチームは最高です。トレードも必要ですが、基本は自前の選手でやっていく。これでいいと思います」

いつまでも成長を実感する幸せ

スカウトは高校・大学や社会人に至るまであらゆるカテゴリーの野球を見てまわる。一日3～4試合を視察することだってある。それでも、家に帰ると、カープ戦の中継を見ることは怠らない。選手の成長に喜び、チームの課題を探りもする。もちろん、スカウティングの重要な参考資料になる。

それだけではない。解説者の話しぶりにもアンテナが向く。

「いい解説をしていますよ。わかりやすい。打って良かった、打てなくて悔しいというだけの解説ではありません。プレーの難しさや奥の深さ、日ごろの選手の取り組みも含めてわかりやすく説明してくれています」

苑田が担当した廣瀬純のことである。法政大学時代は、東京六大学の三冠王として名を馳せ、シドニー五輪野球日本代表にも選出された外野手である。引退後の2017年からは、テレビやラジオで野球解説者として活躍していた。その声からも、苑田は、前向きで研究熱心な性格を再確認していたというのだ。

「プロ入り間もないころに、廣瀬が用具メーカーの人と熱心に意見交換していたのを覚えています。グラブやスパイクについてもしっかり要望を伝えていて、メーカー担当者も、意見を聞くことができて助かりますと感謝していました」

苑田は法政大のグラウンドに思いを馳せる。これまでも西田真二や小早川毅彦を輩出したチームである。力のある全国レベルの選手が集まり、試合に出るためには激しい競争がある。だから各選手が自分で考えて努力する。これが、苑田の考えである。

のちにカープの4番も務める西田の記憶が鮮烈だ。当時の下級生は、投手にはハードなランニングメニュー、野手には打撃練習の球拾いが課せられるというのが定番だった。

「そこで西田は、球拾いよりもランニングをしたほうがいいと考え、投手を志望したのです。下級生の間に走りこんで、3年生以降は野手になって活躍したのです」

陽気な西田のリップサービスが伝説になってしまった可能性もあるが、自分の野球人生をデザインする力にも苑田は惚れ込んでいた。

そんな記憶が蘇る法政のグラウンドで出会った廣瀬が、今、その考える力を武器に、一軍外野守備・走塁コーチを務めている。

「彼は、大学時代からカバーリングや守備位置に意識の高い選手でした。彼自身もカバーリングには走っていましたし、守備位置についても、周囲の選手に指示を与えていました。よくわかっている選手という印象でした」

ベテランスカウトの見立てに狂いはなかった。プレーだけではない。技術を追い求める姿勢が成長につながった。打撃では、15打席連続出塁の日本プロ野球記録を樹立するなど華々しい活躍を見せた。守備では、レーザービームの強肩のイメージが先行するが、実は、研究に裏付けられた送球の正確さも大きな武器だったのである。自主トレもプランを自分で立て、オフは、筋力・食事・パフォーマンス、その考える力は様々な分野に及んだ。

走・攻・守だけではない。苑田が見出した『考えて行動する力』は、16年間で完全燃焼した現役生活のみならず、引退後も存分に発揮されているのである。

第7章 機動力野球、未来へ

〜廣瀬純〜

陽気な求道者

新しいスタイルの選手だった。練習にいっさいの妥協はない。打撃も守備も走塁も、とことんまで考え抜く。テレビ・ラジオでの野球解説では、対戦相手の情報も頭に叩き込み、声の出し方について関係者にアドバイスを求めることもあった。それほど、あらゆることに対して全力投球だったのである。それでいて、悲壮感がない。明るく、前向きで、ファンサービスにも熱心。なんといっても、『チャーリー』の愛称でファンから呼ばれるくらいなのである。

ミリ単位の妥協なき追究と陽気な笑顔が同居する男、廣瀬純の原点は、あのベテランスカウトの見立てどおりだった。

「法政は自主性の強く求められるチームでした。練習メニューを自分で考えることも多々ありました」

当時の監督は、アマ球界の大御所、山中正竹だった。大分県立佐伯鶴城高から法政大、廣瀬とまったく同じ球歴なのは運命かもしれない。山中は、学生時代にエースとして法政大の黄金時代を築き、住友金属の監督としても都市対抗野球優勝の栄冠を勝ち取った。さらに、五輪でコーチや監督を務め、全日本野球協会の要職も歴任している。

「自分に何が足りないか考えなさい」。山中の言葉を廣瀬は記憶している。

「外野手は打てないと使えない。そんな監督の言葉も覚えています。ならば、何が足りないか。自分の現状を受け止めてやっていけば成長につながると思いました。考えが変われば、行動は変わっていきます。行動が変われば、プレーも変わります」

廣瀬は、自分で課題を洗い出し、成長のためのシナリオを描いていった。東京六大学野球での三冠王、シドニー五輪野球日本代表選出、逆指名で入団したカープでは16年にわたって主力選手として活躍した。その源は、自分で考え、プランを立てる力であった。

機動力野球の暖簾《のれん》を背負って

外野守備・走塁コーチが今の廣瀬の肩書である。特にカープは機動力野球を伝統とするチームだけに、その責任は重くのしかかる。走塁は、なかなか数字に表れない分野でもある。周囲の評価基準にも曖昧さが残れば、選手への意識づけにも工夫は必要になる。

とかくメディアは盗塁数を指標に持ち出すことが多い。2016年118個、2017年112個、2018年95個、3連覇の間、カープの数字はリーグでも群を抜いた。一方で、優勝を逃した2019年は81個、タイガースやジャイアンツの後塵を拝した。

ただ、廣瀬は、選手・解説者・コーチと視点を変えながら3連覇を見つめてきた。そこで見えてきたのは盗塁数だけではない機動力であった。

「2016年なんかは顕著です。盗塁のみならず走塁です。投球がワンバウンドになって捕手が少しでも逸らせば、ランナーは進塁します。外野手の捕球体勢を見て、一気に進塁。一度走塁を緩めて隙が生じたときに進塁。そんな狙いも持てていました。みんなが意識を持って、行く準備をしているチームでした」

こんな場面を覚えている。ランナー1塁で、打球は1塁線を破る。カープの走者は、3塁確定でなく、一気にホームへ突入して得点を奪うのである。

背景には、このシーズンから適用されたコリジョンルールがあった。コリジョンとは衝突の意味で、本塁上のクロスプレーに関するルールである。捕手（ベースカバーに入った場合の野手）は、ベース手前でランナーをブロックできないというものである。

こうなるとベースコーチは積極的に腕を回すことになる。そもそもミーティングを重ね走塁意識を高めてきたカープにとっては追い風だった。

「田中、菊池、丸に誠也、さらには安部もいて、盗塁を仕掛けられる選手が多かったです。ベテランの新井さんやエルドレッドも全力疾走を怠りません。そこにコーチの意識づけとコリジョンルールが加わり、ひとつでも次の塁に行くぞという空気がありました」

機動力はチームに多くのプラスアルファをもたらす。盗塁でランナーは進塁しチャンスは拡大する。しかし、走らなくても相手にプレッシャーをかけることができるのだ。

「3連覇の間、結果的に足を使える打線が組めていました。点がなかなか取れないときに足を使える打線です。打者が打つのを待つだけでなく、仕掛けられる攻撃です。走れるランナーがいるほど塁上でのプラス効果があります。投手にクイックや長持ちをさせて打者に集中できない状況を作ります。それが3連覇のチームだったと思います」

そんな意識で複合的に攻め、立体的に点を取るのがカープ野球である。

2019年、リーグ4連覇はならなかったが、そのイズムは受け継がれていた。

廣瀬には、そう確信できる場面があった。

日本の4番・誠也の三盗

コーチになって指示を出す立場になったが、選手には指示待ちになってほしくないと考えている。盗塁に関しても、足の速さだけが成功条件でないことに異論はあるまい。

「もちろん足の速さも必要ですが、ピッチャーの癖やタイミングを研究しておく必要はあります。投手のセットポジションへの入り方やサインの見方も大きな材料になります。それに加えて、次の塁に行くと決めたら行くという気持ちの強さや度胸です」

ベンチからのサインが出てスタートを切ることに違いはないが、あらかじめ選手が自分からスタートを切る気持ちになっていることが重要なのである。

「サインが出たときに、選手がスタートを切る根拠を持っているかどうかでコンマ何秒か変わってきます。常に状況を観察していると、盗塁のサインの根拠がわかり、思い切ったスタートが切れると思います」

　選手の積極的な姿勢を象徴する場面があった。鈴木誠也の三盗である。2019年、4番の重責を担いながら25個の盗塁を決めたが、そのうち4個が三塁への盗塁なのである。

「三盗は、いつでもタイミングを計っていて、常に準備していないとできるものではありません。彼は、もともとできる選手ですが、このシーズンはさらに高い意識を持っていました。その上での思い切りの良さであり、割り切って行ける気持ちの強さだと思います」

　能動的に、積極的に、選手自らが根拠を持ってプレーに臨む。その判断力がコンマ数秒の速さを生む。そのことを知っているからこそ、廣瀬は、走塁への高い意識を求めていく。

疑問を持つから、考える

大学時代から練習メニューも自分で考え、トレーニング理論にも詳しかった。しかし、廣瀬が入団した2001年、カープは猛練習の最盛期であった。

「ウォーミングアップから声を出して走る。そういう練習でした。ウォーミングアップというより、アップ+トレーニングといった印象でした。当時はそういうものだと思っていましたし、これがカープのやり方だと考えていました。とにかくバットを振る、とにかく走る、そんな毎日でした。ただ、疑問を感じることも、正直に言えば、ありました」

その快活な話しぶりからは、当時を否定するような空気は感じられない。ひとまず深く考える作業は傍らに置き、純粋にプロの体と動きを反復練習で培う日々であった。

金本知憲、緒方孝市、前田智徳の強力外野陣の全盛期である。1年目から一軍で80試合に出場したが、レギュラーの壁は厚かった。真面目な性格の廣瀬は、トレーニングや技術などについて考えを深めるようになっていった。ウエイトトレーニング、体幹のアプローチ、フィジカル面の重要性、栄養面、廣瀬の興味は多岐にわたっていた。

ウォーミングアップひとつをとっても、その意味を考え、狙いを持って取り組むようになっていった。

「僕の考えでは、練習前に体の可動域や柔軟性を出すことです。決して心拍数を上げることではありません。個人差もあるので、全体のアップでは足りない人もいます。可動域を出すために時間のかかる人もいると思います。僕は故障歴もありましたので、アップの前にアップを行うこともありました」

東京六大学の三冠王である。即戦力の期待は大きかった。しかし、球界屈指の外野陣の一角に食い込むことは容易ではなかった。4年目の2004年は打率が1割を切り、2005年は打率3割8厘をマークしたものの、代打での出場が多くレギュラー定着はならなかった。

準備を怠るタイプでもなければ、出場機会がモチベーションに影響を与えるタイプでもない。それだけに、結果が伴わない状況に危機感やもどかしさを感じていた。

そんなとき、人生の転換点がやってきた。２００６年、マーティー・ブラウンが監督に就任したのである。彼は、アメリカ式の調整法をチームに持ち込んだ。全体練習の時間は短く、選手のコンディショニングを重視、投手の投げ込みは制限するなど大胆な変格をもたらした。春季キャンプでも14時ごろには全体練習を終えていた。

「時間が短くなって、自分に費やす時間ができました。そこから自分でバットも振り、ウエイトトレーニングもしました。もともとウエイトもするタイプでしたし、その分野に興味もありましたので、フィジカルも徹底しようと思いました。僕は、ヒザの故障歴もありましたのでケアもできました。それまでは、正直、無理をしている部分がありました」

本来の『自分でデザインする力』が蘇った。同時に、プロの第一線で活躍する選手は自分で動いていることも再確認した。

「前田（智徳）さんも自分でバットを振っていたのを覚えています。僕も、自分はこんなものじゃない！と練習するタイプでした。そもそも、選手は放っておいても（練習を）やるものです」

廣瀬は、野球人生の再構築を行った。

「自分に何が必要か時間をかけて考えました。まずは打撃のスケールアップ、体のケア、フィジカルのトレーニングです」

実にいろいろなトレーニングに取り組んだ。ウエイトトレーニング、野球の技術練習、海外自主トレ、メンタルトレーニング、バドミントン、水中トレーニング。答えはひとつではない。やってみることが大事なのだ。特にシーズンオフの自主トレは、廣瀬の〝ラボ（研究室）〟の様相を呈していった。

「紆余曲折していろいろやることで、その重要性が理解できます。そうやってフィジカルが変われば、技術面も変わります。フィジカルは絶対的に重要です」

廣瀬のトレーニングに〝漠然〟の要素がなくなった。フィジカル＋スキル。肉体の土台にいかに技術を乗せていくか、その作業はより入念になり、好奇心に満ちていった。

壁を乗り越え、また壁にぶつかり、花開く

この２００６年、ついに才能は開花した。プロで戦うための打撃改造を行い、これまでの自己最多となるシーズン47安打を放った。

「これまでの5年間は大学の延長でやってきたようなものでした。それでは通用しないので、打撃フォームを改造することにしました。プロの世界で生き抜くための改造です。理想を追うだけでなく、どうやれば長くこの世界で野球をやれるか考えました。端的に言えば、コンパクトな打撃です」

このあたりから、廣瀬の取り組みはますます積極的になっていった。２００７年のシーズンを終えると、東京と大阪で年末まで自主トレを敢行、年明けにはアメリカに飛んだのである。渡米して変化したのは肉体だけではない。その考え方

である。

「アメリカに行って、栄養面についても勉強できたのが大きかったです。体も変化していく中で、自分に何が必要か。タンパク質、野菜、ビタミンのバランスです。どういう体になりたいか考えれば、食事のメニューは決まってきます。油でもオリーブオイル、野菜でもブロッコリーやかぼちゃ類、僕の場合はこういうものが必要でした」

どんな技術を身につけたいか。そのためには、どんな体が必要なのか。そうすれば、行動は決まってくる。しかし、すぐに結果は出なかった。2008年は、シーズンでのヒットは3本のみ、わき腹の故障からプランの狂ったシーズンだったが、廣瀬は言い訳にしない。

「ここが人生の分岐点だと思います。しっかり危機感を持ってやらないといけません。背水の陣です」

年が明けると、彼はロサンゼルスに飛んだ。午前は3時間前後バットを振り込むなど技術練習に集中、午後は砂浜で走り込み、坂道ダッシュを繰り返した。

「体に合わせて、強度が徐々に上がっていくトレーニングができました。一日一日、積み上げていく練習です。この仕事は結果で返すしかなく、負けたくないという強い気持ちでやっています」

コンディショニング面の意識も高まり、キャンプでも7時起床、朝食、ケア、風呂、ストレッチというルーティーンを怠らなかった。スイングの良さ、打球の飛距離、ブラウン監督の評価も極めて高いものになっていた。

おまけに追い風が吹いた。２００９年は、新球場・マツダスタジアム元年である。強肩を武器にした守備力を誇る廣瀬にとっては、レギュラー定着の可能性は高まるばかりだった。

しかし、またもや壁にぶち当たる。開幕一軍を果たしたにも関わらず、地元開幕戦の前日に一軍登録を抹消されたのである。確かに、開幕から9打席ノーヒットだった。焦りが焦りを生み、本来の打撃を崩してしまったのである。

二軍で迎えた、マツダスタジアム開幕の日、自分のいない歴史的な一戦をテレビ画面で直視した。

「そりゃ、悔しいですよ。でも、目を背けてはいけません。絶対にこの舞台に立ってやるという気持ちで、直視しました」

どんな状況下でも、下を向かない。次の一手を考える。それができたのはメンタルトレーニングの指導を受けていたことも大きかった。

「自分でコントロールできないこともあります。試合に出るか出ないかは自分では決められません。起用してもらったら、感謝。右投手のときに使ってもらったら、感謝。チャンスでまわってきたら、つないでくれてありがとう。一軍にいられることに感謝」

感謝をキーワードにすることで、彼のパフォーマンスは最大化していった。典型のような打席がある。この年の7月16日ベイスターズ戦での同点スクイズだ。代打で登場した彼は、2球目をスクイズし、決めた。

「以前なら、決めなきゃいけないと固くなってしまったでしょう。でも、自分を起用してくれてありがとう。決められたら美味しい場面だとプラスに考えられました。野村（謙二郎）監督から、2球目に行くぞと言われていたので準備もできていました」

もちろん、気持ちだけで勝負できる世界ではない。廣瀬は、技術面でも新たな境地を切り拓いていた。パフォーマンスコーディネーターである手塚一志の門を叩き、科学的見地から体の操り方を高めていたのである。骨盤を使っての内角球への対応、バットのヘッドを走らせて長打を生む、彼の基盤となる技術が培われていった。

2010年、準備は整った。心技体が充実した廣瀬は自己ベストの149安打をマーク、打率3割9厘をマーク、ゴールデングラブ賞も獲得した。

尽きない探求心と危機感

妥協の二文字は無縁だった。2010年以降、チーム内でも確固たる立場を築いたにも関わらず、下降傾向にあった成績に廣瀬は強い危機感を抱いていた。2013年1月、レギュラーをつかみきれず悔しい思いをする後輩たちと共に、故郷である大分県佐伯市に向かったのである。本人の言葉を借りれば『崖っぷち軍団』の結成である。

シーズンオフとは思えない練習の厳しさだった。練習メニューはオーダーメードで変幻自在。風や気温を見ながら、練習を午前と午後に大胆に振り分けた。体重を落としたい選手は、宿舎からランニングで球場に向かう。坂道ダッシュ、強化トレーニング、さらには階段4500段を昇降することもあった。廣瀬の背中から雲のように沸く〝湯気〟を忘れることはできない。

食事の時間も常にトレーニング談義である。水泳、バドミントン、四股《しこ》……あらゆることを試し、感覚をメンバーで共有し、翌日の練習メニューに反映させていった。

「危機感を持っていれば何をすべきかわかってくるものです。今年がダメなら来年はない。そう考えると、やるべきことは必然的に多くなります」

この自主トレのインパクトは大きかった。体を鍛え、故障を防ぎ、技術を高めていく。おまけに、メニューを考える中で、フィジカルの意識や知識も蓄積されていく。故郷の上質な魚と野菜も、34歳のシーズンを戦える体を再生させているかのようだった。

迎えた2013年だ。彼は日本プロ野球新記録の15打席連続出塁をマークした。8安打7四死球である。どんなタイトルよりも、この数字が廣瀬の培ったものを雄弁に物語る。1週間にわたり絶好調をキープする。打撃技術はもちろん、選球眼や我慢も必要である。培ったメンタルのコントロールも無縁ではあるまい。15打席連続出塁は、野球人・廣瀬純のランドマークである。しかし、その向こうには、積み重ねた肉体と技術と精神の強化が、夜景のように広がっている。

だからこそ、自分で考えて、自分から動いてほしい

あらゆることにチャレンジして、結論めいたものを手にした。「プロは自分で考えて、自分からやることが大事」なのである。だからこそ、コーチになった今、指示や指導について考えることが多くなった。

「コーチとして指示先行は簡単です。確かに、指示は出さないといけませんが、できる選手や任せられる選手には任せることが大事だと思います。各自にルーティーンや流れもあるので、そこは尊重しながらコミュニケーションをとりたいと思います」

アドバイスはするが、指示は必要なバランスを考えたい。だからこそ、大事にしていることがある。コミュニケーションだ。何気ない会話から選手の状態を読み取ることもあれば、さりげない情報提供でスランプ脱出のヒントを与えることもある。そのアプローチは、実に廣瀬らしいものである。

「正直、なんでこのプレーができないのか？ということはあります。コーチになって最初のころは、なぜエラーをするのか、視点がＷｈｙから入ってしまっていました。ここは反省です。エラーやミスに対する怒りはコントロールしないといけません。今、大事にしているのは『自分だったら』というキーワードです。相手の立場に立って考えてみて、自分ならこうするというアドバイスをするようにしています。もう、『だったら漬け』です。『〇〇しなさい』というのは受け入れてもらえません」

遠征先の宿舎、自分の皿に軽食を盛ると、彼は自分の部屋でパソコンを開く。視線の先には、翌日の対戦チームの映像である。「何か投手に癖はないか?」「攻略の糸口はどこか」「自分だったら、どのタイミングでスタートを切るか」。選手の気持ちになって、先に1試合を戦うのである。その『だったら漬け』の成果を、翌日、さりげない会話に織り交ぜる。指導者としても、妥協のない取り組みは、いささかも変わらない。

相手の立場に立つ、意外なヒント

選手の立場、相手の立場で考える。そういう思考のヒントは意外なところにあった。2017年、廣瀬は中国放送（RCC）で野球解説者を務めた。この1年間が、財産になったという。

「放送でも、広島地区のローカル放送ならカープファン中心、東海地区への放送ならドラゴンズファンが中心、関東地区へのネットならジャイアンツの目線になります。どの立場で喋るのか、放送の届く側では何が求められるのか、考えるようになりました。そうすれば、こちらの準備も変わってきます」

視聴者（聴取者）の目線を意識する中で、廣瀬は思考とコミュニケーションのベクトルを自在に操ることができるようになったのだ。

ユニフォームから離れた1年間で廣瀬の積極的な姿勢に磨きがかかった。

「あの時間が財産です。今までは、周りのサポートがあって動いてきましたが、解説者になると自分で動く部分も多くなります。自分で各球団をまわって、挨拶をして、多くの監督や多くの作戦を見て、個性に触れることができました」

相手の立場になる、知ろうとする、準備する。しかも、自分から動くことでそのサイクルを完成させる。

『自分だったら』と考えて、選手へのアプローチを探る。このコーチングスタイルの土台には、ネット裏からの1年が影響を与えていたのであった。

あの強力外野陣を再び

2019年、カープは4位に終わり、4連覇と日本一を逃した。丸が抜け、田中が故障で苦しみ、3連覇のときと同じような戦いはできなかった。ただ、収穫は、主にセンターで出場し自己最多の159安打をマークした西川龍馬の台頭である。前年は主にサードを務め、17失策と守備の負担も小さくはなかった。

チームは2018年秋季キャンプの段階から、西川に本職の内野のみならず外野でも準備をさせた。これがはまった。27試合連続安打を放つなど、主力打者として十分な活躍を見せた。

「あの打力を生かすための外野挑戦でした。やる中で守備も大いに上達して、成績も残し、チームにオプションを与えてくれました。もともと動きも良くて、吸収力も高い。本人に危機感もあったと思います。外野で出られなければ後がないと考えていたでしょう」

チームの準備はそれだけではなかった。秋季キャンプでは捕手の坂倉将吾らにも外野の練習をさせていたのである。最近では、内野で地位を築いている安部友裕も外野練習に参加している。戦い方にひとつでも多くのバリエーションをつけることが、チームのためになり、選手の出場機会増加につながる。

しかし、これらはあくまでオプションである。複数ポジションが選手のキャリアを変えることもあるが、あくまで固定メンバーでの戦いを模索したいのが首脳陣の一致した考えだ。

「僕の現役時代は、緒方・金本・前田というすごい布陣でした。イメージ的には、鈴木誠也が2人いて、そこに前田さんが加わったようなメンバーです。あのクラスの外野が形成できればすごいし、リーグ最高の外野になると思います。2016年からの3連覇も固定されたメンバーで戦うことができていました」

もちろん、走塁担当として、機動力野球の面でもさらなる高みを目指す。

「打つだけの打線ではなかなか得点することはできません。足を絡めて、チャンスを作り、プレッシャーをかけたいです。（2019年は）鈴木誠也が積極的に走ってくれましたが、まだまだ足を使える選手はいます。田中は足の故障もあり悔しい思いもしましたが、本来、もっとやれます。西川も曽根（海成）も野間（峻祥）も上乗せができるはずです。足の速い宇草（孔基）もドラフトで入ってきて刺激になると思います」

役者は揃っている。それだけに、廣瀬は、選手と共に、一歩でも速いスタートを切るための〝根拠〟と〝意識〟を模索する。

理論派・廣瀬純の意外な結論

プレーヤーとして常に新しい考え方をするタイプだった。ウエイトトレーニングやメンタルトレーニングについても、理解は深かった。自分で時間をマネジメントし、キャリアをデザインする。解説者としても、理論派であり、根性論の色合いは薄かった。

しかし、廣瀬は、猛練習に必ずしも否定的ではないのが興味深い。

「今は、情報量が多いだけに練習の量を嫌う人は多いと思います。でも、量は必要です。考えて練習すれば、量は増えていきます。量が必要な選手はいると思いますが、量は勝手に増えていくものです。自分で意識して変わろうとすれば、やることは増えていきます。それを体に覚えさせるには繰り返しは必要です。僕も、納得するまでやるタイプなので、練習量はおのずと増えていきました」

考え抜いて成長を遂げてきた廣瀬は、〝量〟についてロジカルな考察ができる。

「量とは、自分が納得するまでの値であるべきだと思います。周りの決めることではありません。技術をつかみ切れない人ほど、トレーニングの質も量も中途半端です」

練習の量は自分で決めるもの。量は自分で増やすもの。人から言われて増やした量は、ただのノルマになる。故障と向き合いながら、考え抜き、あらゆるトレーニングに挑戦してきた男の言葉は重い。

大分県立佐伯鶴城高で甲子園に出場、法政大ではキャプテン、シドニー五輪の日本代表にも選出された。キャリアを並べれば、エリートそのもの。一方で、

2000年代カープ外野陣の高い壁と度重なる故障が、廣瀬に思索の時間をもたらした。

やりきれない思いも、不安もあった。しかし、すべてに正面から向き合った結晶が、今、指導者としての大きな武器になっている。

2020年2月、日南キャンプで打撃練習中の鈴木誠也（写真上）。
同じく、日南での廣瀬コーチ。鈴木誠也の走塁にも期待を寄せる（写真下）

「明るい小姑になる」

河田雄祐
（カープ、ライオンズ、スワローズ守備・走塁コーチ）

貯金は37、2位と17・5ゲーム差、盗塁数118、2016年のカープは圧倒的な強さでセ・リーグを25年ぶりに制した。その原動力のひとつが機動力であった。盗塁の数だけではない。「常に2つ先の塁のことを頭に入れろ」という意識のもと、選手たちは積極的な走塁で相手の守備にプレッシャーをかけてきた。

「僕の現役時代もそうですが、一番疎かになるのが走塁です。みんな、まずは打撃、次に守備という気持ちなのはわかっていますが」

だからこそ、河田は走塁を担当するコーチとして、走塁への意識を徹底した。

「試合前の走塁練習でも、そこに集中してほしいです。バッティングのことを考えながら走るなら、やらないほうがマシです」

走塁ほど意識が左右する分野はないだろう。河田は、現役時代から、教わったことはメモにして読み返すタイプだった。だから、選手には、メモをするように促している。それでも、ノートを手にしない選手もいる。しかし、河田は絶望しない。

「ならば、こちらが口酸っぱく言う。くどくても言い続ける。要は、選手が覚えてくれればいいわけですから」

地味な作業もある。全力疾走、2死2塁、セカンドやショートがノーマークならリードを大きくする。スタートの構えを見せ、投手を揺さぶる。即、個人成績には反映されないようなことである。しかし、そこが勝負をわける。

「足で仕掛けられないときも、揺さぶることはできます。チームが勝つためにやっていることです。こういうことが大事だと思います」

２０１６年、河田の思いは選手に通じていた。

「僕たちがミスをしたら、遠慮なくミーティングの材料にしてください。みんなの前であっても名指ししてくれて構いません」

ベテランの新井貴浩や石原慶幸が申し出てくれた。そもそも、ベテランと若手で注意喚起の濃度を変える河田ではないが、こういった空気はチームにプラスになった。

「言わなきゃいけないことは、言わなければなりません。それをしなかったら、ミスなどがすべて流されてしまいます。レギュラーが失敗したのに、若手が注意されるようではおかしいと思います」

だからこそ、小さなミスも指摘した。徹底すべき事柄は、聖域なく直言した。いつしか、ミスは、次なる成長の糧へとなっていった。

「全員ができるわけではないもの、それが走塁です。誰かがミスをしたら、ミーティングの材料ができたというぐらいに思っています。何度も同じシチュエーションが起こるわけではないので、そこから学んでいかなければいけません」

ミスを指摘されて嬉しい人間はいないが、河田の手にかかると、明るく前向きになっていく。ベースには、日常からの何気ない会話がある。食事のこと、家族のこと、髪型のこと、河田は選手に頻繁に声を掛ける。この〝明るい小姑〟の存在があってこそ、平成のカープ黄金時代の土台は強固なものとなったのである。

「Be Brave」

三村敏之
（元・カープ監督、ヘッドコーチ）

野球解説者と実況アナウンサーは独特の関係である。野球に関しては〝師〟でありながら、放送中はこちらがリードしなければならない。解説者は往年の名選手である。タテの関係をベースにしながら、放送はヨコの関係で展開しなければならない。プライベートの時間を共にすることも多い。

カープで監督も務めた三村敏之さん。5シーズンにわたり解説者を務めていただいたが、野球の話をじっくりとしてもらったのは、この夜だけであった。

2003年秋、ヘッドコーチ就任会見の前夜である。

「これまでのカープはひとつのミスでズルズルいってしまうところがあったけど、考え方次第で打開はできる。野球はミスが起こるスポーツ。大事なのはミスをしないことでなく、自分の持っている力をいかに出せるかだから。ミスを減らすというレベルでなく、ミスという考えを頭から消してプレーに臨めるようになってほしい」

私は、カウンターで寿司をいただきながら、話を堪能した。で、ここからが三村流である。

「君には、今の話をひとつの言葉に凝縮してほしい。いわゆるキャッチフレーズみたいにしたいんだよ。できれば、漢字でなくヨコ文字の雰囲気がいいねぇ」

日本酒を飲む手は止まり、酔いは覚めた。私は、この日、英語に堪能な友人や英会話講師にひたすら電話を掛けた。そして、「大事なのはミスをしないことでなく、自分の持っている力をいかに出せるか。ミスを減らす……」と力説をし、ワンフレーズに英訳するよう求めた。

そこで生まれたのが『Ｂｅ　Ｂｒａｖｅ』であった。「勇敢であれ」と訳すのがふさわしいだろう。あくまでアグレッシブに、怖がらず、しかも英語、ミッションはクリアである。

ヘッドコーチ就任会見、やはり三村はこの言葉を用いていた。実際、就任後のキャンプではセンスは高いながらも失策数を指摘されてきた東出輝裕に意識改革を促した。「俺は守備が上手い」と書いて宿舎の自室に張り紙をさせたのである。スローイングに難があった木村一喜には打撃投手として投げ込みも行わせた。長所である打撃でなく、課題をクローズアップされながらも、あのとき木村の目は輝いていた。

チームは変わっていった。一方で、あのキャッチフレーズが新聞紙面を賑わすことはまったくなかった。「あれ、いまひとつやったね」と後の笑い話になった程度である。

まだ若く自家用車を持っていなかった私を、三村はよく車に乗せてくれた。車内では、芸術や芸能、経済など様々な話題が展開された。そこで、人生相談をした記憶がある。

「思い切りやったらいい。周りはいろいろ言うかもしれんが、チャレンジしたほうがいい。本当にやりすぎだと思ったら、ワシが止めてあげるから。それまでは、やったらいい」

２００９年、三村は61歳で亡くなった。もう、止めてはもらえない。胸には『Ｂｅ　Ｂｒａｖｅ』のフレーズが残るばかりである。

第8章

70年の歴史を支えた外国人選手

カープで花開く、外国人選手

カープ70年の歴史は多くの外国人選手にも支えられてきた。初優勝をもたらしたゲイル・ホプキンス、低迷期を救ったルイス・ロペス、さらには、2016年のリーグ優勝では、ブラッド・エルドレッドの果たした役割が絶大だった。長打力だけでない。全力疾走、チームプレー、広島への愛着、成功要因は複合的である。NPB通算133本塁打、数字も一級品なら、〝全身全霊〟を合言葉にしたハードワークの印象度は超一級品だった。

それだけではない。カープで開花し、さらなる飛躍を遂げる選手に、ファンは胸を張る。コルビー・ルイスは、カープ時代（2008～09年）に奪三振王に輝くなどしてブレイクすると、翌年からレンジャーズの6シーズンで65勝をマーク、MLBを代表する投手として活躍した。

近年ではライアン・ブレイシアである。カープでは1シーズン（2017年）

だけのプレーで2勝に終わったが、翌2018年、MLB・レッドソックスに復帰すると2シーズンで96試合に登板、ワールドシリーズ制覇にも貢献した。国内でもカープ出身選手の活躍は目立つ。アンディ・シーツはカープで2シーズンプレーすると、タイガースに移籍し主力打者として活躍した。キャム・ミコライオは、カープで3シーズン活躍した後、イーグルスでもリリーバーとしてチームに貢献した。ブライアン・バリントンはセ・パ両リーグで先発投手として安定感を発揮した。そして、デニス・サファテである。カープの元・守護神は、ライオンズやホークスでもストッパーとして活躍、NPB通算234セーブは名球会も射程圏内である。

本来の高い能力もあるが、日本での新たな野球や生活に適応することが成長につながったことは、どの選手も口を揃えるところである。

バリントン、サファテ、ジョンソン、エルドレッドらを発掘してきたのが駐米スカウトのエリック・シュールストロムである。才能の塊をマイナーリーガー時代から見つめてきた彼は、正直に思いを語る。

「それぞれまったく違う特徴や性格の選手で、全員、３Ａでは素晴らしい選手でした。しかし、メジャーでは、それを証明する機会を得ることができなかった選手のように見えました。もし、メジャーでプレーする機会を多く手にしていれば、メジャーでも成功していただろうと思います」

紙一重なのである。そこで、日本行きの挑戦を前向きに捉えられるかどうか。そこもスカウトの見極めポイントとなってくる。

「日本に行きたいという気持ちが大事です。そういうオープンな気持ちにならないと、生活も野球も新たな環境になるわけですから対応できません」

持てる力を発揮しきれなかった男たち。それをプラスに考えて新天地でアグレッシブに挑戦するか、チャンスの少ない環境にストレスばかりを感じるか。もちろん、カープに必要なのは、前者なのである。

カープ外国人選手の全力プレーの歴史は近年になって始まったわけではない。やはり、最初の記憶は、45年前、優勝決定の放物線を描いた伝説の男である。

カープ外国人選手の源流　ゲイル・ホプキンス

メジャーリーグでも活躍した選手だった。MLB通算324安打、日本球界では372安打。アメリカでも結果を残しているわけだから、決して来日したことで才能が開花したということではない。しかし、ゲイル・ホプキンスの自宅には、今でも1975年10月15日（後楽園球場）での優勝を決めるホームランの写真が飾ってある。

「私はプロとして14年間野球をやってきました。その中であれ以上のホームランはないです。ホームランで勝利が100%決まるわけではありませんが、あの日だけは違いました。打った瞬間に、我々は勝ったと確信しました。あの試合はなかなか緊迫した展開で、ものすごい緊張感でした。私の自宅には、今でも、あの場面の写真が飾ってあります。それを見ながら、『俺は素晴らしかった』とつぶやくものですよ（笑）」

7年前の来日時にインタビューしたものだが、こんなに嬉しい言葉はない。我々の熱狂と同じか、それ以上の温度感で、ホプキンスはカープでの時間を胸に刻んでいたのである。

また、彼のプレーぶりには、〝フォア・ザ・チーム〟の精神が満ちていた。指揮官の求める役割を強く意識していたのだった。

「あなたのようにテレビ局の仕事でも同じです。上司は、あなたに何を求め、何を期待しているかを示すことが大事です。私も、ボスが何を期待しているかいつも知りたいと思っていました。そうすればアジャストして実行することができます。古葉（竹識）さんは大変だったと思います。ジョー・ルーツ監督が早い段階で帰国、キャンプにはコーチとして臨んでいたわけですから、すべてを自分の思い描いたようにできたわけではありません。それでも、ルーツ監督の流れを継続し、優勝しました。古葉さんは、そんな中でも各選手に役割をしっかり伝えてくれました」

ルーツが彼に求めたものは、長打力だった。実際、1975年は33本塁打で91

打点、求められたものを完遂した。

「私は日本に来てバッティングスタイルを変えました。以前は、広いスタンスで広角に打っていました。引っ張ろうとはしませんでしたし、三振は少なかったです。でも、ルーツ監督は30本塁打できる選手を求めていました。そこで、私はスタンスを狭くし、引っ張る打撃もして要求に応えようとしました。ホームランを打とうとしました」

その流れを継承した古葉は、ホプキンスが調子を落としてもスタメンから外すことなく、打順すら変えなかった。

「これは選手からすると嬉しいことでした。それだけ監督がプレーヤーとしての私に自信を持ってくれているということです」

指揮官が役割を明確にする。そして、打順も含めて一度決めた役割は変えない。その中で、選手は求められる選手になっていく。そういった〝強い個〟が集まる中で、カープは強くなっていった。

山本浩二や衣笠祥雄、さらには外木場義郎。強烈な〝個の力〟に身を置きながらも、ホプキンスはチーム競技としての野球を強調する。

「野球は個人の能力が問われる競技という面もあります。しかし、『優勝はカープ』と言っても、『優勝は山本浩二』とは言いません。『ホプキンスがジャイアンツに勝った。外木場がジャイアンツに勝った』とも言いませんよね。野球は面白いです。まず個人としてプレーしないといけませんが、それらはチームのシステムの中で行われることなのです」

強烈なパワー、圧倒的なスピード、外国人選手は〝個の力〟でチームにピンポイントに作用する。当然、その能力は折り紙付きである。ただ、成功するためには役割意識やチームへの思い、適応力が必要なのである。カープには、以降も、そういった外国人選手が次々にやってきた。チームへの思いは、選手個人の成功にもつながっていった。

勝利を知る男がカープに蒔《ま》いた種

外国人選手は数年単位で入れ替わる。ファンに愛されながらも1年で帰国の途に就く選手もいる。あのエルドレッドですら、日本でプレーしたのは7シーズンである。それでも、彼らの奮闘は線になってつながっている。

在籍期間は短くても、素晴らしい種を蒔いたプレーヤーもいる。取材の中でそう感じさせてくれたのが、アッレックス・オチョアだった。

アレックスは2002年、アナハイム・エンゼルスでワールドシリーズを制覇、2006年はドラゴンズでリーグ優勝に貢献した。日米で勝利の味を知る男は、2007年のシーズン途中、広島にやってきた。わずか2シーズンの在籍だったが、彼は日本で成功する外国人選手の良きモデルになっていた。

広島市民球場ラストイヤーの2007年前半、カープ打線は苦しんでいた。5月終了時点でチーム打率は2割5分を下回った。新井貴浩の不振、嶋重宣も厳しいマークにあっていた。そんな中、やってきたのがアレックス。もちろん中日での4年の経験もあり、『計算できる』外国人選手としての来日だった。

2007年は、73試合の出場ながら3割を超える打率で、チームをクライマックスシリーズ争いへと導いた。ただ、彼が果たした役割は強打の外野手というものだけではなかった。当時、マーティー・ブラウン監督は、若いチームにあって、チームリーダーの不在をポイントに挙げていたのだ。「選手層が若いけれど、その中からリーダーが出てこないと厳しいシーズンは乗り切れない。人間性、リーダーシップ、経験ならアレックス。でも、言葉の壁もあるし、日本人選手からリーダーが出てきてほしい」と訴えていた。

「チームリーダーは日本人から出ないといけない。でも、やれることはやるよ」

アレックスは、外国人選手らにアドバイス送ることを厭わなかった。来日1年目で戸惑う、スコット・シーボルにも日本野球を説いた。

アレックスが大切にしたのは、アジャストメント（適応）だった。そのために、一つひとつの経験を無駄にしなかった。

「生活にも人間にも野球にもアジャストしてきました。そのために、経験というものを大切にしました。多くの日本のピッチャーを見てきたのも経験。そして、たくさんのコーチに出会えたのも財産です」

多くのコーチに出会う中では、その見解が人によって違うこともある。国やリーグによって違ったスタイルの野球に出会い苛立つプレーヤーもいる。ただ、彼はすべてを前向きに捉えてきた。

「たくさんのコーチの意見を吸収できたのは勉強。違ったスタイルのベースボールを経験できたのは人生の幸せ。10代から野球をやってきて、日本に2度も呼ばれるなんて光栄だし、嬉しいですね」

彼が好んで使った言葉は〝オープンマインド〟。だからこそ、アメリカでも日本でも長く野球ができたのだろう。日本語も堪能だった。担当記者の間では「アレックスは記者の会話が全部わかっているらしい」「スポーツ紙がすべて読めるらしい」なんていう噂もあった。真偽のほどは明らかではないが、それほどまでに、オープンマインドな男であった。

彼が最も多く打席に立ったのは2008年。現役の最終年だった。605もの打席でカープファンから声援を受けた。

のちに、カープは、ドラゴンズの3シーズンで打率3割を2回クリアしたエクトル・ルナを獲得している。2016年の1シーズンだけだったが、同じドミニカ共和国出身のサビエル・バティスタやアレハンドロ・メヒアらに心構えを説くなど、数字だけではない影響を与えた。

アレックスやルナのように、ベテランに差しかかっても、プレーはもちろん背中で仲間を引っ張るインフルエンサーの存在は忘れてはなるまい。

神様・仏様は世界を制す

神様、仏様、ルイス様。カープファンなら一度は耳にした、いや、口にしたフレーズだろう。150キロのストレートに抜群の制球力、さらには中4日も厭わない献身ぶり。メジャー通算12勝、黒田博樹のメジャー挑戦によってチームに生まれた大きな穴を埋めることがミッションだった。

「クロダの成績を抜くのは簡単ではないが、しっかりアジャストしていいプレーをしたいです」

新たな環境や変化する自分にアジャストすることは成長につながる。コルビー・ルイスの野球人生は、そんなことを教えてくれる。

少年時代からプロ野球を目指し、大学時代から速球派として鳴らした。1999年には、レンジャーズにドラフト指名された。2003年には、メジャーで10勝をマークした。しかし、2004年に右肩を故障し、2シーズンに渡り苦しい日々が続いた。復帰後も、以前のような快速球は戻らなかった。

「故障してから球速が戻りませんでした。160キロ出ていれば、真ん中に投げてもファールしてもらえましたが、140キロ台のストレートでは、甘く入ると持っていかれてしまいます。コントロールの必要性を痛感しました」

そのとき、故障で変わった自分に向き合ったことは、ルイスの大きな財産になった。かつて3Aサクラメントでチームメートだったヒラム・ボカチカ（元・

ライオンズ）は証言する。

「ルイスはボールの速さが武器です。しかし、大きいのは投球術というものを知っていることだと思います。勉強したのでしょう。パワーピッチャーはアメリカにはたくさんいます。その中で、コントロールを身につけたのが大きかったです。頭がいい選手だと思います」

入団直後の沖縄キャンプから、制球には特に力を入れていた。

「まずは低めに集めることです。疲れてからでも低めにボールを集めることを意識しています」

ブルペンでは考えながら、自分のフォームを丁寧にチェックした。日本の縫い目の高いボールにも「僕のような変化球を操るタイプにはプラスだ」と前向きにアジャストしていった。

ルイスのピッチングの金科玉条は、『ストライク先行』と『ボールを低めに集めること』である。

「アメリカに比べて日本のバッターは早いカウントから振ってきません。日本の打者はよく見てくる傾向があります。だからこそ、ストライク先行のピッチャーと印象づけなければ、相手はバットを振りません。ストライクばかり集めて打たれることもあるでしょうが、まずストライクを取らないことには始まりません」

ストライク先行で打ち気を誘い、低めに集めて凡打に仕留める。もちろん、四球も出さない。ストライク・ワンのコールでルイスの投球プログラムは作動開始だ。しかも、ボールには強さがある。

「ストライクを投げてバッターに打ち負かされるなら仕方ありません。それより、四球を出さずに攻めていくことです」

ルイスは日本の野球を勉強した。日本ではパワーピッチャーの球威を持ちながら、コントロールもおざなりにしない。バッターを崩すことを考えながら、あくまでも丁寧に投げる。

日本の生活にも柔軟に適応した。箸も使いこなせば寿司も口にする。異国にやってきても、「日本に来てから息子といられる時間も増えた」とポジティブそのものだった。

肩の故障、ピッチングスタイルの変化、日本野球に新しい生活。あらゆる環境にアジャストすることでルイスは進化を続けた。そういえば彼は、こう言っていた。

「野球は適応のスポーツだ。風向、球場、対戦相手、あらゆる環境にアジャストするのが野球という競技だ」

神様でも仏様でもない、悩み抜き、考え抜く、だからこそ進化していくのだ。2010年、レンジャーズに復帰したルイスが12勝を挙げ、ローテーションの軸として、ワールドシリーズに進出したのは言うまでもない。

変化をチャンスに変える。ルイスのストーリーは夢のようなものに思われた。しかし、カープで進化し野球人生を切り拓いた選手たちが相次いで現れた。2011年に13勝をマークしたバリントン、最強守護神のサファテ、のちにメジャーの頂点に立ったブレイシアである。その歴史に、とんでもない左腕が名を連ねた。メジャー通算0勝、それどころか一時は独立リーグでプレーしていた左腕が、海外出身選手としては2人目の沢村賞に輝いたのだ。カープの3連覇は、この男なしには考えられなかった。

チーム思いの合理主義者

ＮＰＢでの5シーズンで57勝、最優秀防御率に沢村賞も獲得した。しかし、ジョンソンの実力は、数字やタイトルよりも、他球団スコアラーの言葉のほうが雄弁である。

「すべての球種のレベルが高いです。ホームベースいっぱいにボールを投げるので、打者としても狙いを絞ることができません。球持ちも良く、腕が遅れてくるのでタイミングが取りづらいのです」

「どの球種でもカウントが稼げ、その日によっていい球を操ることができます。チェンジアップは抜けが良く、カーブも決まります。さらに、ツーシームです。うちの左打者が完璧に捉えた場面を見たことがありません」

１５０キロのストレートだけでなく、チェンジアップ、カーブ、カットボール、スライダーを巧みに操る。入団当初は「スライダーやカーブが比較的多くなる」と自己分析していたピッチングスタイルだったが、石原慶幸のリードもあり、チェンジアップやツーシームを効果的に織り交ぜるようになった。

「自信というものは経験の中で生まれる。試合で経験を積むことが自信につながる」。これがジョンソンの持論である。なので、彼の野球人生はいつも〝足し算〟なのである。〝引き算〟で落ち込むこともなければ、一足飛びに〝掛け算〟を狙うこともない。

野球人生は平坦ではなかった。2006年、ボストン・レッドソックスに指名されたものの、なかなかメジャーへの昇格は叶わなかった。ジョンソンは、2011年途中からアメリカ独立リーグへ活躍の場を移した。これが転機だった。

「それまでは、ある意味でストレスを感じながら野球をしていました。メジャーを目指して、楽しむことよりプレッシャーを感じる時間のほうが長くなっていました。それが、独立リーグでやるうちに、野球を楽しむ感覚を思い出せました」

野球への思いを再確認し原点に立ったジョンソンは、2011年冬にパイレーツとマイナー契約を結び、ついに2013年にはメジャーデビューも果たした。

この逸材をカープのエリック・シュールストロム駐米スカウトは見逃さなかった。

「2013年ごろから彼を見てきましたが、日本で成功することは容易に想像できましたね。高さ、角度にも特徴がありました。バッターの反応を見ていても、いいピッチャーだと思いました」

もちろん、日本野球への順応性も特筆ものである。畝龍実投手コーチの見立てである。

「来日当初はクイックも速くなかったですが、すぐに良くなりました。シーズン中盤に、腕が横振りになってチェンジアップの質が落ちた時期がありましたが、こちらも修正してきました。変えていこう、適応していこうという気持ちが彼にはあります。そういう心構えだから（成功）できたのだと思います」

自分のスタイルに自信を持ちながらも、適応することには躊躇がない。力で押すだけでもなければ、かわしていく空気もない。三振も奪うが、打たせて取ることにも重きを置く。変化を厭わないジョンソンは変幻自在である。

「あえてこだわるならイニング数です。イニング数が増えるということは、長いイニングを投げて試合を作ることができているということです。勝ち星より、まずはイニングです」

フォア・ザ・チームの合理主義者は5年間で752イニング以上のマウンドに立った。メジャーデビューを渇望する時間、独立リーグで自分を見つめなおす時間、新天地に適応する時間、これらを合理的に足し算できたことが、成功の要因であった。

ファンに最も愛された男

積み重ねた成績よりも、目の前の光景が、彼の功績を雄弁に物語る。2019年9月15日、ブラッド・エルドレッドの引退セレモニーがマツダスタジアムで行われた。

「世界一のファンの前でプレーできたことはかけがえのない財産」

泣かせるコメントにファンは大歓声で応えた。目の前ではチームメイトが涙している。スタンドからは、エルドレッドの応援歌が鳴りやまない。こんなに愛された外国人選手、そうはお目にかかれまい。

7年間の取材メモを辿ってみた。アメリカからやってきた男がいかに日本に適応してきたかがよくわかる。

196センチ126キロ、高校時代は初打席で満塁ホームラン、エルドレッドは典型的なパワーヒッターである。2005年7月にパイレーツでメジャーデビューを果たすと55試合で12本塁打とハイペースで長打を量産した。しかし、簡単にメジャー定着は叶わなかった。翌2006年、通算1531安打の実力者であるショーン・ケーシーがパイレーツに移籍してきたのである。おまけに、彼も左手親指を故障、次第にベンチで過ごす時間が多くなっていった。ただ、野球への情熱はいささかも衰えない。2008年には、3Aで35本塁打100打点をマーク、着実に実力を蓄えていた。

競争の激しいMLBでは、数多あるストーリーかもしれない。ただ、フルスイングで野球人生を切り拓こうとするエルドレッドを見ていた人物がいた。カープのエリック・シュールストロム駐米スカウトである。

「第一印象はすごいパワーでした。ただ、三振も多かったですし、スイングに無駄な動きがあったように感じました」

2012年、エルドレッドに新たなチャンスがやってきた。栗原健太やニック・スタビノアの故障でカープが右の大砲を緊急補強することになり、彼に白羽の矢が立ったのである。

「カープから電話があったとき、すぐにサインしようと思いました。この体の大きさを生かして打点を稼いでホームランも打ちたいです。自分で自分に期待しています」

4番・ファースト、求められるのは長打。しかし、エルドレッドがここから大成功を収めることができたのは、チームや日本野球にマッチできるよう適応を重ねたからである。

「日本もアメリカも野球は同じですが、投手が違うタイミングや軌道で投げてきます。そのあたりを頭に叩き込むようにしました」

さらに生活である。日本語で挨拶を交わし、買い物にも積極的に出掛けた。ラーメン店のカウンターが窮屈に感じたのも貴重な経験である。

「言葉の違いや文化の違いを楽しめています。日本語を使っての買い物も楽しいし、日本の規格の建物にいると自分の体が大きいことをあらためて感じることができました」

真摯にチームの勝利に貢献する中で、ホームランへの考え方も変わっていった。

「叶うことならホームランが欲しいですが、やれることはボールにいいコンタクトをすることです。打球の行き先はコントロールできませんが、自分のスイングとコンタクトは何とかできます。ボールをしっかり見て自分のスイングをすることに集中しました」

投手の配球は頭に叩き込んだ。変化球の多い攻め、なかなかストライクゾーン勝負もしてこない。それでも、彼は苛立ちを見せることなく、ひたすらに対応策を考えた。

　２０１４年には37本塁打でホームランキングのタイトルも獲得したが、それだけが彼の勲章ではない。ベースまでの全力疾走、守備への高い意識、状況を考えながらのバッティング、あくまで長打はフォア・ザ・チームの延長線上にあった。

　彼に、アメリカ時代の野球カードをもらったことがある。大きな構えで豪快なスイングをする写真が印象的だった。エルドレッドは懐かしそうに写真を見つめながら、大きな声で笑う。

「ちょっとオーバースイングだね。今は、もう少しコンパクトになっているよ」

　この変化はシュールストロム駐米スカウトも認めるところである。

「日本に来てからの彼の打席を見ると、打席での無駄な動きが省かれ、ヒッチする癖も改善されていました。しっかりレベルスイングで振れるようになっていました」

　やみくもに力任せでバットを振らない。かといって、小さくまとまるわけにはいかない。研究と改善を重ね、エルドレッドは日本野球へ適応したのである。

日本語での会話も、ママチャリも、スイングの改良も、すべてはエルドレッドの挑戦だったのである。ただし、そこに悲壮感はない。変化を楽しみながら受け入れ、いつしか、それが日常になっていた。これこそ、外国人選手の幸せなストーリーであろう。

「育てて勝つ」は、時代も国境も超えていく

もうひとつ忘れてはならないのが、ドミニカ共和国のカープアカデミーである。1990年に創設され、1995年に15勝をマークしたロビンソン・チェコやメジャー通算2095安打のアルフォンソ・ソリアーノらを輩出している。近年では、サビエル・バティスタやアレハンドロ・メヒアである。

アカデミーで基本や意識を高め、日本で細やかさを学び、段階に応じて実戦経験を積ませる。このサイクルを、2019年の守護神へロニモ・フランスアを例

に見ていきたい。

「カーブが変えてくれた」と、フランスアは感謝の言葉をいつも口にする。2014年にカープアカデミーに入り、来日当初は練習生の扱いだった。当初から豪速球はあったものの、制球に苦しみ、牽制やフィールディングへの意識は高くなかった。そこから4年、課題と向き合いながら成長を遂げ、フランスアはNPBの一軍マウンドに立てるまでになった。

来日当初のフランスアは練習生だ。当然、二軍の公式戦に出場することはできない。二軍投手コーチだった佐々岡真司(現・監督)は、可能性も課題も明確に記憶している。

「球は速かったですが、コントロールが良くありませんでした。三軍で見てもらうことが多かったですが、ネットスローやシャドーピッチングで下半身の使い方を覚えてもらおうと思いました」

上体の強さに頼る投げ方で、ボールが高めにしか行かない。首脳陣は、基本練習の反復をフランスアに課した。さらに、コーチの佐々岡は現役時代の得意球であるカーブを直伝した。今の段階でも完璧にマスターできてはいないが、カーブを投げることでピッチングに変化が生じると考えたのである。

「カーブを投げることで、下半身の使い方の感覚をつかんでほしかったです。体重が前に乗るようになればと思いました」

地道な練習で進化もあったが、いかんせん登板機会が少ない。シート打撃や紅白戦でマウンドに上がったが、練習生だ。登板の場面は限られてくる。モチベーションも常に100%とはいかないのが本音であっただろう。

そんな彼に、球団は絶妙にチャンスを与えた。2016年には四国アイランドリーグPLUSに派遣、登板のチャンスを探った。そして、2018年、チームはフランスアに春季キャンプの一軍スタートを告げたのである。

「やる気にもつながるだろうと思いました。やればやるほどチャンスはあるわけです。投げて一軍に上がるという気持ちが強くなったと思います」（佐々岡コーチ（現監督））

そこから、3月には育成選手契約を結び、5月には支配下登録選手を勝ち取った。このプロセスの中で、フランスアの目の色がどんどん輝いていくのを周囲は感じ取っていた。三軍投手コーチの青木勇人（当時）は語る。

「野球が上手くなりたいというのは感じていました。試合に出られない時期も一生懸命やっていました。特に、体づくりには一生懸命でウエイトトレーニングには熱心でした。しかも、近年は、勝負を賭けている感じが伝わってきました。もともと速い球のポテンシャルはありましたが、野球を覚えていったことが成長につながったと思います」

ただ、投げること以外に関心を向かせるには首脳陣も時間を要した。

「投内連携やショートスローが上手くなくて、その大事さをわかってもらいたかったです。チームが外国人投手に求めるのは、競った場面で投げることです。ですから、こういった細かいことが大切なのだと説明しました」

ドミニカ担当コーチの古沢憲司も口を揃える。

「球が速いだけでコンビネーションも何もなかったです。それに、フィールディングが良くなかったので、そのあたりは何度も話をしました。速い球を投げることだけを考えていないか？ それは違うぞ。ときに、厳しく言ったこともありました」

日本式の走り込みも投げ込みも課した。最初は、抵抗があったかもしれないが、根底には指導者の愛情があった。「全力でぶつかれば、わかってくれるはず」。古沢も、情熱を惜しまなかった。

天性の運動能力が快速球を生むことに異論はない。しかし、フランスアの一球一球には、カープの多くの指導者の愛情と汗が詰まっていることを忘れてはならない。

二軍監督の水本勝己は強調する。

「周りに感謝しないといけませんね。もちろん、彼の努力はありますが、二軍三軍のコーチや古沢さんの存在があってこそだと思います。今のフランスアは、自信を持って投げているように感じます。自信があるから投げられる。一軍で投げて、自信をつかむ。できるから自分からやるようになる。そういうことだと思います」

2018年夏、背番号97を手にしたフランスアは快進撃を見せた。8月にはプロ野球記録に並ぶ月間18試合に登板し、防御率は0・51、文句なしの月間MVPだった。この年47試合に登板すると、2019年は快速球を武器に67試合のフル回転。12セーブを挙げるなどストッパーの役割も果たした。

とことん練習に付き合い、基本を叩き込むノウハウがカープにあった。そこに規格外の身体能力とハングリー精神を持つ選手がやってくる。ドミニカンのポテンシャルとカープの育成力はベストマッチだったのかもしれない。

ドミニカアカデミーを担当する古沢憲司は安仁屋宗八と同年代を戦った野球人である。プライベートでも親しく、野球観も極めて一致する間柄である。もちろん、投げ込み、走り込み、コミュニケーションのタイプである。古沢は、ドミニカ出身の選手にも、ハードなランニングメニューを課してきた。反復練習も手を抜かせない。この環境が、彼らのとてつもない能力に火をつけたのである。

「育てて勝つ」の看板は、時代を超え、国境も超え、いつしか融合する。それが、新たなカープのチームカラーとなっていく。

時事通信フォト

1975年、念願の初優勝にグラウンドになだれ込んだファンに胴上げされる
古葉竹識監督（東京・後楽園）

おわりに

『孔子家語』がルーツという説もあれば、『史記』が出典という説もある。いかんせん、これは紀元前からの真理のようである。

「良薬は口に苦し」。

一方で、こちらは2世紀の資料にも、このフレーズは記録されているという。アスリートはもちろん、ピアニストや俳優からも耳にしたことがある。

「No pain, No gain」。

カープ70年の歴史を築いた指導者の取材を終えて、やはり、魔法はないのだと痛感した。

バットという道具を駆使するスポーツにおいて、スイングの数が習熟度に比例することは、きわめて明快である。ボールの握りのみならず、縫い目との兼ね合いだけでも球質が変わるピッチングにおいても、ある程度の練習量が投球の完成度に影響を与えることは否定できまい。

もちろん、10年に一人のような突出した才能を前にすれば、いくらかの例外もあるだろう。投球過多などに伴う故障があっては、技術の習熟の度合いどころの話ではなくなってしまう。

安仁屋宗八も佐々岡真司も、投げ込み、走り込んできた。新井貴浩も東出輝裕も栗原健太も、バットを振り込んできた。さらに、倉義和の話にあったような捕手の基礎技術の習得は実に地道な反復練習である。

効率化や時短は、社会のみならず、スポーツ界の命題でもある。しかし、トッププロの世界では、簡単な解は見つからない。ならば我々が、カープの先人や指導者から学ぶべきことは何なのか。それは、工夫であろう。反復練習でも飽きさせない工夫、その練習を無駄にしないような意識づけの工夫、身につけた技術を再現するための工夫……

それに、愛情である。厳しい練習でも、耳に痛い言葉でも、愛情があるからこそ選手の心に届くのである。特に、安仁屋コーチ時代の逸話からは、猛練習の逸話が強調されればされるほど、根底にある愛情が胸に響いた。

もちろん、各指導者は選手が少しでもスムーズに成長するための模索を惜しんではいない。ただ、超一流のプロの技術の世界である。このレベルまでくると、近道などは容易《たやす》く見つかるものではないようだ。

しかし、絶望することはない。厳しい道も、仲間と歩めば辛いばかりではない。工夫があれば、楽しく練習量を重ねることもできる。叱咤の怒声からも、愛情を感じることができる。

今の世相にマッチするような魔法や近道は見つからなかった。しかし、だからこそ、アスリートは我々を感動させるのだろう。そんな歴史や汗を隠さないカープだからこそ、ファンは愛してやまないのであろう。

純粋に高度な技術に感嘆するのが、スポーツ観戦の第一義であろう。しかし、本書を通じて、人材育成や組織運営の何かしらのヒントを受け取ってもらえれば存外の喜びである。

過去4冊の本を著してきたが、しばらくは封印の日々であった。テレビ・ラジオを主戦場とする仕事にあって、フィールド外に挑む勇気を失っていたのが偽らざる本音である。

「何か面白いことやろうや」「次の本は書かないの?」。そんな言葉をかけてくれた、中国放送コンテンツビジネス局の三村千鶴局長と中村知喜センター長、二つ返事で背中を押してくれた延末健治スポーツ部長に感謝したい。

また、私の企画を形にしてくれた㈱カンゼンの滝川昂さんにも感謝する次第である。もちろん、取材に応じてくださったカープの指導者やスタッフのみなさま、さらには、ここまで出会うことができたすべてのカープ関係者のお礼申し上げたい。

2020年秋、V奪回を果たし、日本一に輝いたとき、この本を読み返すことを楽しみに、球春を迎えたいと思う。

2020年3月　坂上俊次

坂上俊次（さかうえ　しゅんじ）

中国放送（RCC）アナウンサー。

1975年12月21日生まれ。兵庫県伊丹市出身。

1999年に株式会社中国放送へ入社し、カープ戦実況歴は20年になる。スポーツ中継のほかに、ラジオ「それ聴け　Veryカープ」、テレビ「Eタウンスポーツ」などを担当。

また、中国地方をスポーツ関連産業で盛り上げるためのプロジェクト「ちゅうごく5県プロスポーツネットワーク（スポコラファイブ）」の座長を務める。

著書に『カープ魂　33の人生訓』『惚れる力』（サンフィールド）、『優勝請負人』（本分社）、『優勝請負人２』（本分社）があり、『優勝請負人』は、第５回広島本大賞を受賞。

現在「デイリースポーツ広島版」「広島アスリートマガジン」で連載を持っている。

カバー・本文デザイン	二ノ宮匡（ニクスインク）
カバーイラスト	横山英史
編集協力	能見美緒子
写真	時事通信社
編集	滝川昂（カンゼン）
取材協力	広島東洋カープ
企画協力	中国放送

「育てて勝つ」はカープの流儀

発行日　2020年3月26日　初版

著　者　坂上 俊次
発行人　坪井 義哉

発行所　株式会社カンゼン
〒101-0021
東京都千代田区外神田2-7-1 開花ビル
TEL 03（5295）7723
FAX 03（5295）7725
http://www.kanzen.jp/
郵便為替 00150-7-130339

印刷・製本　株式会社シナノ

ISBN 978-4-86255-540-3
Printed in Japan
定価はカバーに表示してあります。
ご意見、ご感想に関しましては、kanso@kanzen.jp までＥメールにてお寄せ下さい。お待ちしております。